Lk" 96
A

O. 1536.
M. a. 7.

VOYAGE
DANS
L'INTÉRIEUR DE L'AFRIQUE,
AUX
SOURCES DU SÉNÉGAL
ET DE LA GAMBIE.

II.

DE L'IMPRIMERIE DE CORDIER.

VUE DES SOURCES DU RIO-GRANDE ET DE LA GAMBIE.

VOYAGE

DANS

L'INTÉRIEUR DE L'AFRIQUE,

AUX

SOURCES DU SÉNÉGAL
ET DE LA GAMBIE,

FAIT EN 1818,

PAR ORDRE DU GOUVERNEMENT FRANÇAIS;

PAR G. MOLLIEN,

AVEC CARTE ET VUES.

DEUXIÈME ÉDITION.

TOME SECOND.

PARIS,

CHEZ ARTHUS BERTRAND, LIBRAIRE,

RUE HAUTEFEUILLE, N.º 23.

1822.

VUE DE L'ARMÉE DU FOUTATORO EN MARCHE

Longitude

D É S E R T

D A M A R

Sedou

Sierra Leo

Plantain

ÉCHELLES
Lieues communes de France de 25 au Degré
5   10   15   20   25   30
Lieues Marines de 20 au Degré
5   10   15   20   40

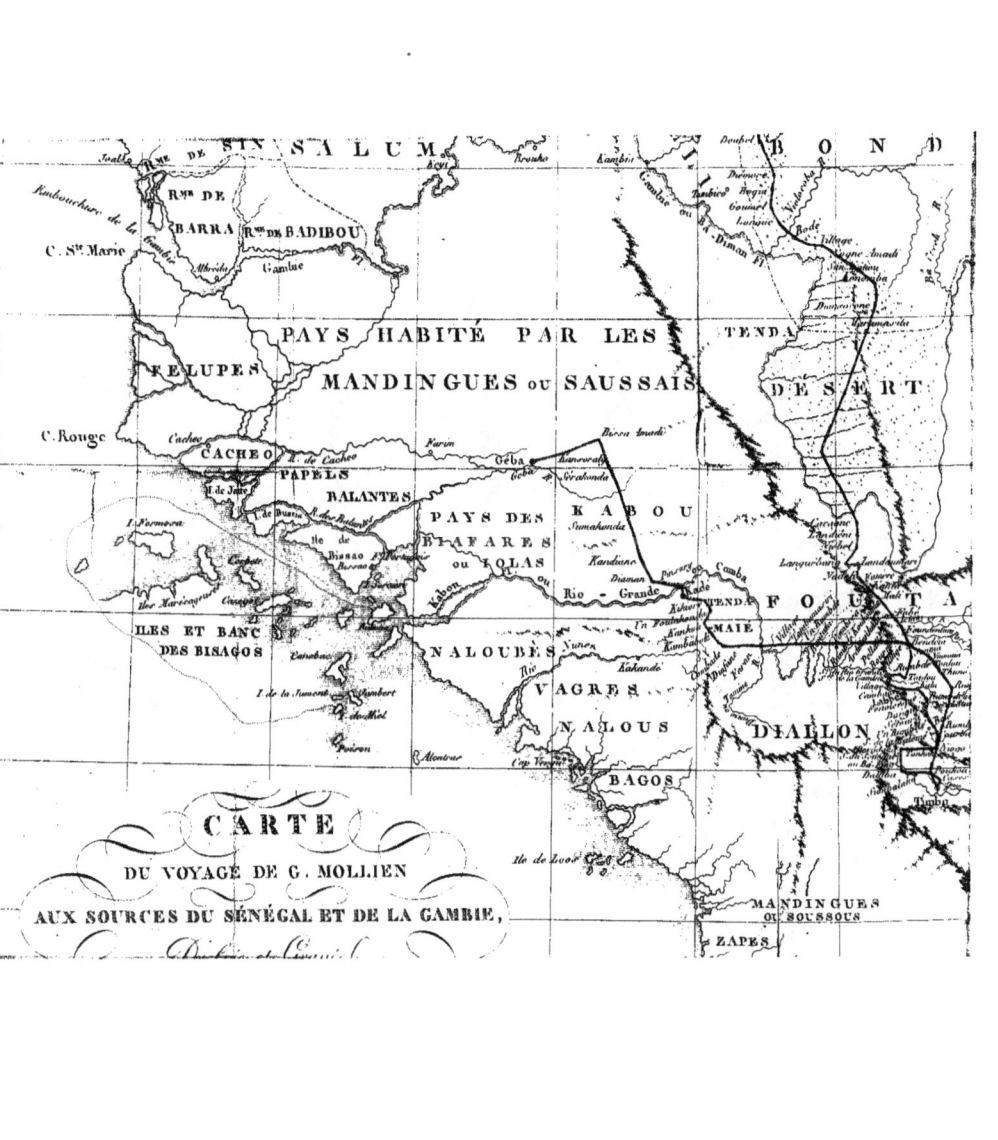

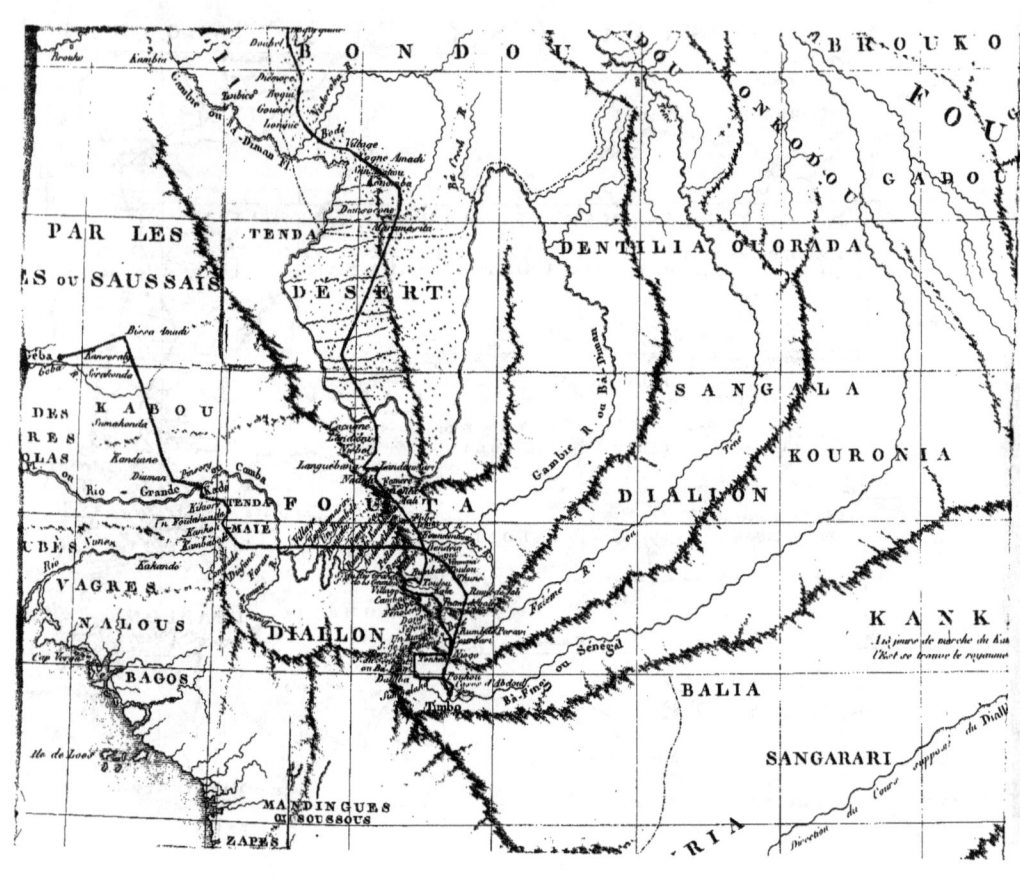

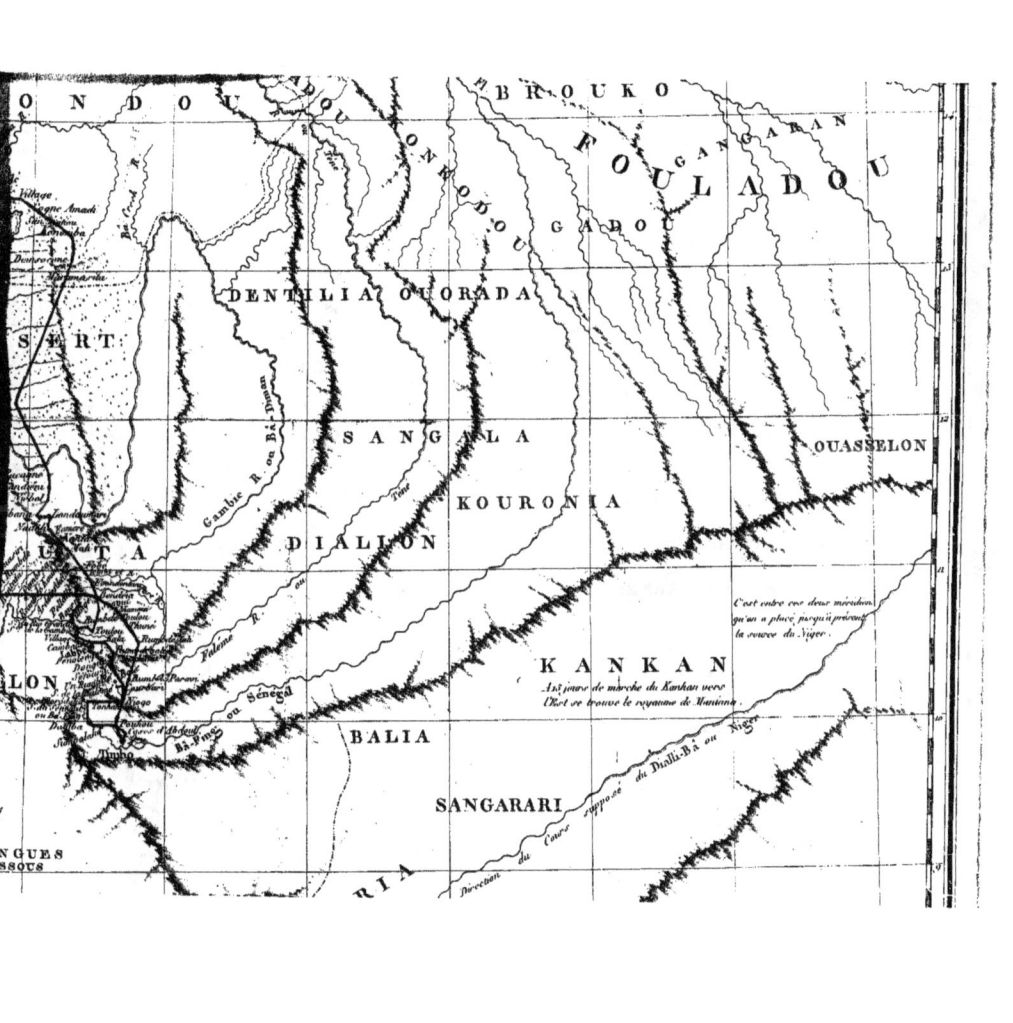

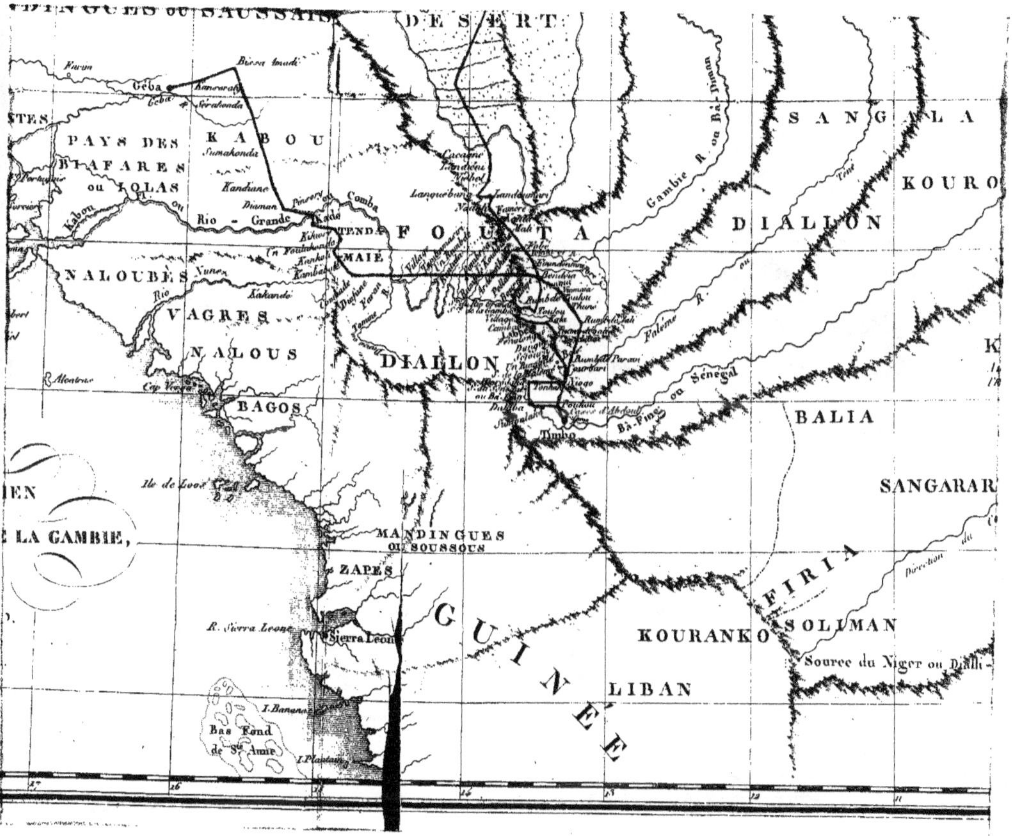
DÉSERT
SANGALA
KOURO
DIALLON
FOUTA
PAYS DES BIAFARES ou IOLAS
KABOU
Géba
Rio Grande
TENDA
MAIÉ
NALOUBÉS
VAGRES
NALOUS
BAGOS
DIALLON
Gambie R. ou Ba-Dimma
Falémé R.
ou Sénégal
Bâ-Fing
BALIA
SANGARAR
Timbo
Ile de Loos
LA GAMBIE,
MANDINGUES ou SOUSSOUS
ZAPES
R. Sierra Leone
Sierra Leone
GUINÉE
FIRIA
KOURANKO
SOLIMAN
Source du Niger ou Dialli
LIBAN
I. Bananas
Bas Fond de Ste Anne
I. Plantain
Cap Verga
Alcatraz
Kakandé
Nunez
Comba
Kade
Labé
Direction du

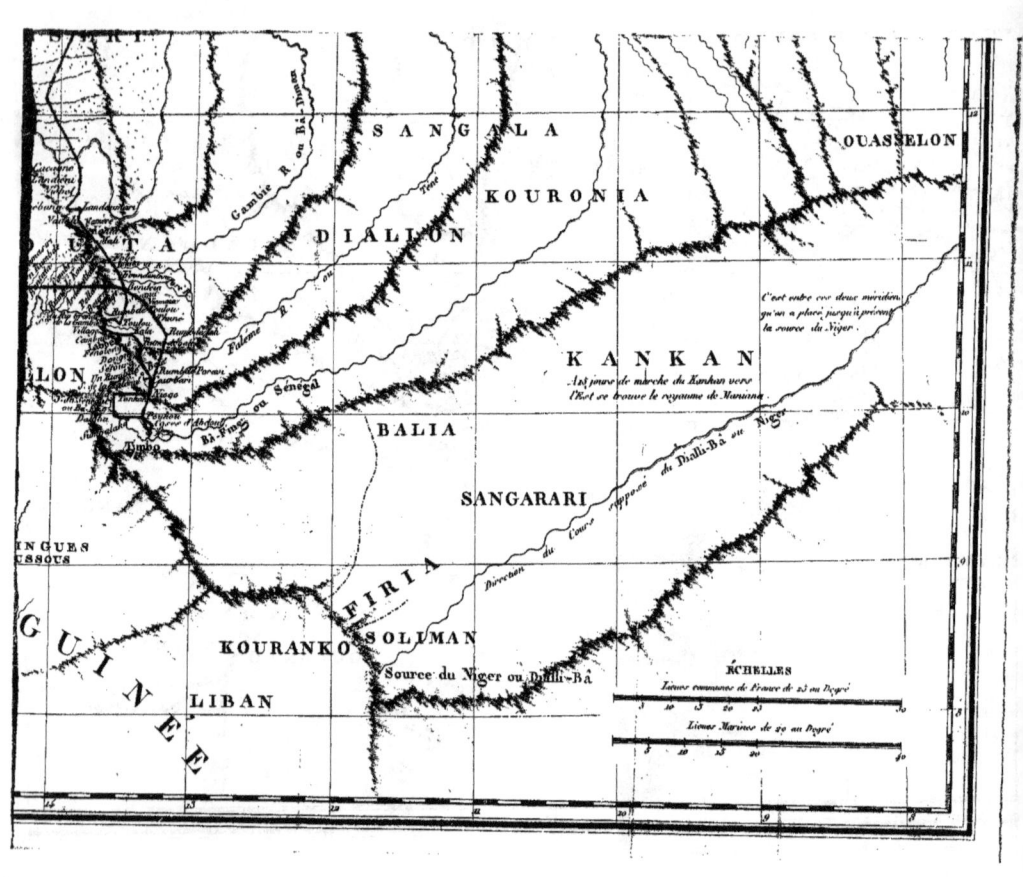

VOYAGE

AUX

SOURCES DU SÉNÉGAL

ET DE LA GAMBIE.

CHAPITRE VIII.

Désert. — Gambie. — Niebel. — Tangué. — Bandeia. — Sources du Rio-Grande et de la Gambie. — Source de la Falémé. — Timbo.

24 *mars*. — Enfin, sur les quatre heures, la caravane partit de Maramasita; elle était composée de cinquante Poules, habitans du Fouta Diallon, qui portaient leurs marchandises sur leur tête, dans des paniers oblongs. Ils contenaient surtout du coton et des pagnes,

que ces nègres achètent dans le Bondou, en échange de bœufs, de chèvres, d'or, de limons et d'arcs. Trois marchands du Foutatoro avaient des ânes chargés de pagnes roulées en forme de gros cylindres aplatis, et de sacs en cuir remplis de sel. Chaque voyageur avait sa petite chaudière en terre, et dans une outre ses provisions de couscous sec ou de pistaches. Mes compagnons de voyage étaient vêtus de pagnes qui tombaient en lambeaux; ces vêtemens déchirés et l'arc dont ils étaient armés, leur donnaient un air tout-à-fait sauvage. Deux Poules du Fouta Diallon avaient amené leurs femmes avec eux.

A peine étions-nous dans les bois qui se trouvent sur les confins du Bondou et du Fouta Diallon, que nous entendîmes, à deux cents pas de nous, au milieu des hautes herbes qui couvrent le sol au-dessous des arbres, le bruit d'une troupe d'éléphans. Peu curieux de nous rencontrer avec ces créatures colossales, nous hâtâmes le pas.

Les Poules, malgré leur caractère vif et leur constitution robuste, ne sont pas grands marcheurs. Ils sont obligés de se reposer toutes les heures. Il sont moins de vigueur que les Iolofs, mais ils savent mieux supporter les privations. A minuit, nous nous étendîmes auprès de quelques cases mandingues. Ayant attaché mes montures à un arbre, j'allai chercher de la paille dans les bois, car Boukari était si fatigué, qu'il ne pouvait plus marcher.

Le soleil était levé depuis long-temps lorsque nous partîmes; aussi la chaleur était-elle insupportable. Nous fîmes halte près d'un ruisseau qui arrosait une immense prairie. Le cours de l'eau était tranquille. On voyait à sa surface des nénuphars en fleurs dont la blancheur éclatante se distinguait au loin.

Tous mes compagnons se dispersèrent

dans les bois, les uns pour chercher des rayons de miel, qu'ils vinrent ensuite m'offrir; les autres pour couper des joncs, avec lesquels ils fabriquaient des paniers. Après quelques instans de repos, nous nous remîmes en orute. Les chemins, en plusieurs endroits, étaient impraticables à cause des larges trous qu'y avait laissés l'empreinte des pieds des éléphans. Je mesurai un de ces trous, qui avait trois pieds de circonférence. Les traces de ces animaux me firent juger qu'ils devaient être en grand nombre.

Au coucher du soleil, notre caravane offrit un spectacle vraiment imposant, en se prosternant pour adorer l'Eternel. Les chants de ces hommes pieux qui interrompirent tout-à-coup le silence de ces vastes solitudes, remplirent mon âme d'un sentiment religieux. Cet hommage simple et touchant, rendu au milieu d'un désert au créateur du monde, devait naturellement produire cet effet sur moi, quoique ma croyance ne fût pas celle de ces nègres. Je rougissais de me voir seul debout au milieu de cette troupe d'hommes à genoux qui remerciaient Dieu de les avoir protégés dans leur voyage. La prière finie, l'un d'eux s'approcha de moi, et me demanda si je ne priais jamais. Je lui répondis que mon journal était le livre où j'écrivais mes prières. Ce stratagème, que j'avais toujours employé, m'avait servi à détourner les soupçons sur le but de mon voyage.

Notre troupe s'enfonça ensuite dans le plus épais du bois pour y attendre le lever de la lune, qui seul pouvait nous guider, pendant la nuit, dans des chemins dont il est si facile de perdre la trace. Dès que cet astre eut paru sur l'horizon, un vieux marchand poule nommé Boubou, qui avait amené sa femme, donna le signal du départ. Après une marche longue et pénible dans un chemin montant couvert de pierres ferrugineuses, nous nous arrêtâmes au milieu d'une plaine qui semblait avoir été désolée par le feu; car on n'y apercevait presque aucune apparence de verdure. Il n'y avait pas à choisir; il fallait se coucher sur un terrain très-pierreux. Pendant que plusieurs de mes compagnons allaient chercher au loin des feuilles pour me faire un lit, nous allumâmes des feux pour écarter les bêtes féroces et préparer notre souper.

Le 26, après la prière, nous nous remîmes en route. Arrivés près d'un endroit découvert, un Poule nous exhorta à doubler le pas, nous assurant que ce lieu était infesté par des brigands mandingues, qui attaquent ordinairement les caravanes. J'avais le plus vif désir de suivre mes compagnons; mais mon cheval, accoutumé à parcourir un pays sablonneux, avait le sabot tout usé, et n'avançait qu'avec peine. A midi nous passâmes devant la route du Tenda, à notre droite, et celle du Dentilia à notre gauche. Des torrens arrêtaient à chaque instant notre marche; il n'y en avait qu'un petit nombre à sec; la plupart étaient remplis d'eau; on ne pouvait les traverser qu'à gué. Leurs rives, composées de roches ferrugineuses, étaient si escarpées, qu'elles formaient de vrais précipices, où nous avions une peine infinie à faire descendre nos ânes. Le mien glissa, et tomba dans un ruisseau dont le cours était fort rapide; toute ma poudre fut mouillée. Il eût été peut-être impossible de le tirer de ce mauvais pas, si tous mes compagnons de voyage, accourus à notre aide, ne l'eussent porté avec nous sur le bord opposé. En sortant de ce lieu, nous entrâmes pour la première fois dans un bois rempli de bambous, dont la hauteur surpassait celle des arbres les plus élevés.

Nous aperçûmes enfin, à deux journées de distance, dans le sud-est du lieu où nous étions, les montagnes de Badon, dont les sommets s'élançaient jusque dans la région des nuages. Nous étions tellement épuisés par la fatigue, la chaleur et le peu d'alimens que nous avions pris depuis la veille, que, malgré les exhortations d'un vieux marabout qui craignait beaucoup que nous ne fussions attaqués par les brigands mandingues, nous nous reposâmes auprès de deux sources situées dans le creux d'énormes roches ferrugineuses. Les feuilles sèches des bambous composèrent nos lits, et servirent à nourrir nos montures, qui, jusqu'à ce moment, n'avaient rien trouvé à manger.

Mon cheval était si harassé, qu'il lui fut impossible de me porter; je le fis marcher devant moi. Nos fatigues étaient incroyables, à cause de l'escarpement et de l'âpreté des montagnes que nous gravissions. Nous n'avancions qu'avec beaucoup de difficulté au milieu des rochers dont elles étaient hérissées. Mais combien je fus dédommagé de mes peines lorsque j'aperçus devant moi la Gambie, coulant du nord-est au sud-ouest! Les Poules lui donnent en cet endroit le nom de Diman. Ses bords étaient peu élevés, mais escarpés. Une verdure charmante sous ce climat brûlant tapissait les plaines qu'elle traversait. La largeur de ce fleuve égalait en cet endroit celle de la Seine au pont des Arts. Ses eaux, extrêmement limpides, produisaient, en roulant sur les rochers, un bruit semblable à celui de la mer qui se brise sur ses rivages. Nous n'avions de l'eau que jusqu'aux genoux; mais le fond du fleuve était rempli de lames de schiste vertical tellement aiguës, que je fus obligé de marcher avec mes souliers pour empêcher que mes pieds ne fussent en sang. L'opération de faire traverser le fleuve à mon cheval et à nos ânes, nous prit à-peu-près une heure. Trois personnes étaient employées pour chaque âne; cet animal, si utile dans les montagnes, cause une peine infinie, au passage des rivières, par son caractère peureux et rétif. Impatienté de ces retards, je pris le mien par les deux pieds-de devant, tandis que deux de mes compagnons le saisirent par ceux de derrière; nous le transportâmes ainsi au bord opposé.

Arrivés sur le territoire du Fouta Diallon, nous commençâmes à gravir de hautes montagnes composées de diabases granitoïdes et de pierres ferrugineuses. Quelles tristes réflexions vinrent affliger mon esprit lorsque, du sommet de ces hauteurs, je découvris une étendue considérable de pays entièrement hérissée de montagnes rocailleuses, dont la crête se perdait dans les nuages, et que séparaient des précipices affreux! Partout l'image de la désolation : quelques prairies situées au pied de ces monts escarpés rompaient çà et là cette triste uniformité. Le pays plat où nous descendîmes ensuite, presque toujours inondé par les torrens qui descendent des montagnes, paraît fertile, car il est couvert d'une belle verdure. Elle repose agréablement les yeux, fatigués de la vue continuelle de montagnes arides. Le premier lieu habité par les hommes qui s'offrit à nos yeux, fut Cacagné. Le chef de ce village nous reçut chez lui, et cette première marque d'hospitalité fut d'un bon augure.

Après une marche si longue, nous avions besoin de repos; je résolus donc de passer la journée du 28 à Cacagné. La chaleur y est étouffante, parce que les hautes montagnes qui entourent ce village de tous côtés, mettent obstacle à la libre circulation de l'air. On cultive dans son territoire du tabac, du riz, du maïs, du mil et un peu de coton. Ce lieu est une espèce d'entrepôt, où les marchands du Bondou viennent chercher les produits du Fouta Diallon. Je passai ma journée à composer des grisgris, que les habitans venaient me demander pour avoir des richesses aussi considérables que celles des blancs. Les uns me les payèrent avec du miel, les autres avec du lait. Je fus aussi consulté pour savoir à quelle partie du corps il était le plus avantageux de les attacher. Boukari était, de son côté, fort occupé à la même besogne : un nègre vint même le prier de lui écrire des prières sur son pied qui était malade. Boukari exauça ses desirs. On conviendra que ce fétiche était éminemment mystérieux, car il fallait de bien bons yeux pour déchiffrer sur un pied noir des mots écrits avec de l'encre.

29 *mars*. — Deux hommes du Foutatoro qui allaient à Labbé, fort aises sans doute que je fisse pour eux les frais du voyage, me proposèrent de m'accompa-

gner; j'acceptai leur demande : ils avaient une bonne provision de sel, et j'en manquais.

Nous traversâmes d'abord une gorge étroite entre deux chaînes de montagnes. On voyait de petits villages sur des pointes saillantes près de leur sommet, composé de blocs énormes de pierres ferrugineuses, tandis que le pied était schisteux; cette base formait une rampe sur laquelle nous marchions. De nombreux ruisseaux d'une eau limpide et froide coulaient dans ces ravines. J'attribue à ces eaux le mauvais état des dents des habitans du pays. Au milieu du jour, nous gravîmes le penchant d'une montagne pour arriver à Landieni. Une foule assez considérable était rassemblée sur la place publique autour d'un mandingue qui jouait du violon (1). Les cordes et

---

(1) Ce sont les Maures qui ont introduit le violon et la guitare en Afrique.

l'archet de cet instrument sont en crin ; le musicien tenait l'archet de la main gauche ; les sons qu'il tirait de son violon étaient aussi doux et aussi purs que ceux d'une flûte. Si les oreilles de ces nègres étaient sensibles à l'harmonie, leur cœur ne fut guère touché de nos prières, car ce ne fut qu'à prix d'argent que nous obtînmes quelques provisions. Rebuté de la dureté de ces gens, je conseillai à mes compagnons de ne pas nous arrêter long-temps dans ce lieu, et je me mis à siffler en appelant mon cheval : alors un habitant du village me demanda en ricanant, si dans mon pays j'étais gardeur de vaches. Chez ce peuple, comme en France, siffler en public est regardé comme un vice d'éducation.

En sortant de Landieni, nous côtoyâmes des montagnes d'une élévation considérable. Depuis le milieu de leur pente jusqu'en bas, on apercevait des baobabs épars et très-chétifs, ainsi que des gommiers. Il fallut ensuite monter pour arriver à Niébel : la pente était si roide, que je fus obligé de descendre de cheval. Ce village, quoique dans une position très-élevée, est entouré de montagnes beaucoup plus hautes. Les torrens, en se précipitant du haut de ces monts, ont creusé dans leurs flancs des ravines si profondes, que des masses énormes de rochers restent comme suspendues en l'air, et menacent à chaque instant d'écraser le village par leur chute. Niébel, comme tous les hameaux de ces contrées, ressemble à un camp. Les cases en paille, dont la forme est celle d'une tente, sont placées à quelque distance les unes des autres. Il y a peu de maisons en terre; cependant on voit une mosquée au pied d'un baobab, dont le tronc est serré par les branches d'un arbre grimpant. Ce village, situé dans un canton entièrement désert, était absolument dépourvu de provisions. Je fus obligé d'aller moi-même puiser mon eau et de faire ma cuisine, car personne ne nous offrit à souper.

Nous étions prêts à partir lorsque Boukari rencontra un iman de Timbo, qu'il avait vu à Saint-Louis; la conversation s'engagea aussitôt entre eux. Je pressai vivement Boukari de se lever; il était impossible de le faire bouger de place. Enfin, au moment où je m'y attendais le moins, il vint me dire, de la part de l'iman, que je devais rester dans ce village jusqu'à ce que l'on sût positivement si l'almamy de Timbo voulait me voir ou me renvoyer. M'étant depuis long-temps fait un devoir de la patience et de la résignation, je pris aussitôt mon parti, et j'allai décharger mes marchandises. Mes compagnons de voyage nous avaient quittés sans nous en prévenir. Dans ce pays, comme dans tant d'autres, on fuit la société d'un homme qui paraît suspect à l'autorité.

Assis sous un arbre, je songeais tristement à la nouvelle contrariété que j'éprouvais. Si près du but, on m'empêchait d'y atteindre! Je touchais presqu'aux sources de la Gambie, et je me voyais dans l'impossibilité d'y parvenir! Au milieu de mes tristes réflexions, je me doutai que cet iman était un coquin qui voulait m'arracher des présens. Comme sa qualité lui donnait le pouvoir de me nuire, je résolus de faire quelques sacrifices pour obtenir la liberté de passer outre. Je fis appeler Boukari, et je lui dis de me conduire chez l'iman. Ali (c'était le nom de ce dernier) me fit long-temps attendre dans sa cour; enfin il vint s'y asseoir; car en Afrique, c'est en public que se traitent toutes les affaires; et, avant d'écouter mes réclamations, il envoya chercher le chef et les principaux habitans du village. Dès qu'ils furent arrivés, je lui dis que Niébel était dépourvu de tout; que l'eau y manquait au point que j'avais été obligé d'aller moi-même remplir mon outre à la fontaine; que le mil était si cher, que je ne pouvais m'en procurer. « Je sais » que tu es un homme juste, ajoutai-je, » et que tu ne veux pas la mort des » blancs. Si je suis obligé de travailler » ici, je succomberai à la fatigue; laisse-» moi aller jusqu'à Labbé; là, je m'arrê-» terai, conformément à ton intention, » pour connaître la réponse de l'almamy, » à qui je veux faire un présent; mon » chef m'a ordonné de le voir; je retour-» nerai après à Saint-Louis. » Cet iman était un Poule, dont les traits et la couleur ressemblaient entièrement à ceux des Maures. « La moitié de mes compa-» triotes, me répondit-il, déteste les » Européens; l'autre moitié, qui se com-» pose de la classe des marchands, les » aime beaucoup. Tu as donc contre toi » un parti absolument déterminé à s'op-» poser à ton passage; reste ici deux

» jours, et je te donnerai des guides qui
» te conduiront jusqu'à Labbé. Tu es à
» présent sur les terres de l'almamy; tu
» ne peux marcher sans sa permission et
» sans la mienne. » Je feignis d'être content de cette décision, et je repartis que j'étais entièrement disposé à obéir; alors il nous congédia; et je remis mon présent à un autre moment.

La femme d'Ali, sœur de l'almamy, vint me voir. Cette princesse était sur le retour. Un pagne en guinée bleue composait son vêtement; des filières d'ambre jaune chargeaient sa chevelure. Elle mâchait continuellement du tabac. L'effronterie était peinte sur son front; l'air impérieux qu'elle prit en entrant dans ma case me fit pressentir la scène qui allait se passer. Un mouton la suivait; elle lui donna sans façon à boire l'eau que j'avais eu tant de peine à aller chercher le matin, et lui fit manger le riz qui devait composer mon dîner. Voyant que je souffrais patiemment ces vexations, elle me demanda mon mouchoir pour en couvrir sa tête, et ma couverture pour s'y reposer. Dans aucun pays une princesse ne peut essuyer un refus; j'obéis, m'estimant très-heureux si elle se bornait à ces petits larcins. Je me trouvais seul; Boukari était allé courir après mon cheval, qui avait repris le chemin du village où nous avions couché le 28 mars. Lorsqu'il fut de retour, Maria (c'était le nom de la princesse) parla en ces termes : « Les femmes dans le Fouta » Diallon dirigent les affaires de leurs » maris (ce qui signifiait, c'est moi qui » t'ai fait arrêter); s'ils font la guerre » ou la paix, c'est d'après leurs avis; dis » à ton blanc que je puis le faire aller » à Timbo en sûreté. » Ce discours calma mes inquiétudes, et m'éclaircit sur le motif de mon arrestation. Je vis qu'à force de présens je leverais tous les obstacles. En conséquence, je donnai à la

princesse Maria trois grains de corail ; elle les jeta à terre avec un signe de mépris, en s'écriant qu'elle n'était pas venue pour recevoir de si minces présens, et que jamais elle ne s'avilirait au point de porter ce corail. Il était difficile en effet d'acheter la protection d'une princesse aussi puissante avec un cadeau aussi médiocre ; j'ajoutai donc aux trois grains de corail trois grains d'ambre. « Qu'il est petit ! s'écria-t-elle ; donne-
» moi du corail. » J'étais dans une position assez critique. Je m'apercevais que cette mégère m'arracherait en détail toutes mes marchandises ; je lui donnai cependant deux grains de corail de plus. « Cette couverture, me dit-elle ensuite,
» me plaît ; fais-m'en présent. — Mais
» j'en ai besoin pendant la nuit, lui ré-
» pondis-je. — Tu ne veux donc pas al-
» ler à Timbo ? » reprit-elle avec l'accent de la colère. Je tremblais en entendant cette menace ; je donnai ma cou-

verture à Boukari, et la sienne à cette princesse. Elle la trouva si sale, qu'elle me la jeta avec dépit à la figure, en disant : « Cet Européen n'est qu'un pauvre » diable. Je reviendrai ce soir pour voir » s'il a fait des réflexions sur sa situation, » et s'il compte me traiter toujours d'une » manière aussi indigne de mon rang. »

A quatre heures, Ali m'envoya son fils avec une troupe d'estafiers de mauvaise mine, pour recevoir le présent que je lui destinais. Boukari me conseillait de lui en donner un ; d'un autre côté, un de ses amis me disait qu'Ali ne jouissait d'aucun pouvoir, et qu'il fallait tout lui refuser. Il est bien difficile de se déterminer promptement quand on a pour conseillers des hommes dont le langage, les mœurs, le caractère diffèrent tant des nôtres ; plus sûr pourtant de Boukari et de la sincérité de ses avis, je m'y abandonnai. Je remis donc dix grains de corail au fils de l'iman, auquel on ne

les porta qu'après avoir délibéré si on oserait les lui présenter; ensuite on vint m'annoncer qu'Ali m'attendait derrière la mosquée; j'y allai aussitôt. Ses gens formaient le cercle autour de lui; les figures de ces satellites suffisaient pour m'inspirer de vives craintes. « Je suis
» allé à Saint-Louis, me dit Ali; je sais
» que les blancs sont très-riches; j'at-
» tends un présent digne de toi et de
» moi. Ici nous sommes sur la frontière
» du Fouta Diallon : j'y suis tout puis-
» sant. — Que veux-tu? » lui répondis-je sans faire éclater le moindre signe de dépit. Un de ses gens, dont les traits hideux montraient assez le rôle qu'il jouait à la cour, s'écria : « Que le
» blanc donne d'abord trente grains de
» corail. — Mais si je les donne, ré-
» pliquai-je, je n'aurai plus d'autre res-
» source que celle de manger du sable. »
Ayant dit ces mots, je lui offris mon présent, qui consistait en dix grains de

corail. Lorsque je les eus étalés à terre devant lui, l'œil d'Ali s'enflamma, et sa figure, qui ne respirait que la perfidie, prit les traits de la fureur. « Sache, me
» dit-il, que si tu peux me faire un sem-
» blable don, je puis t'en offrir un cent
» fois plus considérable. Le peuple de
» Kakandé (1) ne m'offre que des pré-
» sens aussi grands que ma personne.
» — Qu'exiges-tu donc? m'écriai-je
» avec colère. — De l'argent, me ré-
» pondit-il. — Je n'en ai pas. — De
» la poudre. — Je n'en ai que pour
» charger mes armes. — Des pagnes.
» — Je n'en porte pas; d'ailleurs, ajou-
» tai-je, l'almamy du Foutatoro et l'al-
» mamy de Bondou n'ont reçu de moi
» que des présens fort modiques; ils
» les ont acceptés, et m'en ont remer-
» cié. — Et que me fait l'almamy du

---

(1) Village situé sur le Rio-Nunez, les Européens y font un assez grand commerce.

» Foutatoro? s'écria Ali; quant à moi,
» je veux davantage. Tu n'ignores pas
» sans doute que les blancs paient des
» tributs au Foutatoro et au Bondou;
» j'en exige aussi de toi, à cause de
» ta couleur. — Mais je ne suis pas
» marchand. — Peu m'importe. Je suis
» ici ton roi; donne-moi vingt grains
» d'ambre, dix grains de corail, une
» masse de verroterie pour mes servi-
» teurs, et onze grains d'ambre pour le
» maître du village. » La résistance à
des ordres si péremptoires eût causé ma
mort, car un seul mot d'Ali eût fait lever cent poignards sur ma tête. J'obéis
donc, et à mesure que je tirais les grains
d'ambre, les gens qui nous entouraient
poussaient des éclats de rire.

« A présent, me dit l'iman, tu peux
» partir; je te donnerai même un guide.
» Que possèdes-tu? fais-moi voir tes mar-
» chandises. » Sachant bien qu'il ne demandait à faire cet examen que pour

me piller, je lui dis que je connaissais la quantité de ce qui me restait, et je lui en fis le détail de vive voix; bien entendu que ce ne fut pas avec exactitude. Personne, je le pense, ne me blâmera de n'avoir pas, en cette occasion, dit toute la vérité. « Je l'écrirai sur ton passe-» port, me répondit-il : tu n'as plus rien à » craindre : lève-toi. » Il partagea alors avec ses gens ce que je lui avais donné; quelques-uns murmuraient ; mais les menaces et l'aspect irrité d'un tyran imposent toujours silence aux plus mutins. L'iman Ali est un homme grand et sec; sa figure est pleine de noblesse, mais son rire est celui de la fausseté; son œil étincelle de feu et d'esprit ; quoiqu'il n'ait pas quarante-cinq ans, ses cheveux sont tout blancs. Il est vêtu à la manière des Maures, dont il a le teint, comme je l'ai déjà fait observer.

De retour dans ma case, tous les habitans du village m'entourèrent, et se mirent à discuter sur la vexation que je venais d'éprouver. Boubou, marchand d'eslaves, qui nous avait accompagnés depuis Maramasita, s'écriait que l'almamy tirerait sûrement vengeance d'un acte de violence si révoltant, et qu'Ali serait puni par le chef de Labbé, maître du village où nous étions. Le chef de Niébel même, que les menaces d'Ali avaient intimidé, désapprouvait aussi la conduite de cet iman, et jurait que, quant à lui, pour n'être pas accusé de complicité, il ne toucherait pas aux présens qu'on avait arrachés au blanc; d'un autre côté, quelques nègres blâmaient Ali de n'avoir pas tout enlevé, et surtout de ne s'être pas emparé d'un cheval qui convenait plus à un chef de son rang qu'à un voyageur aussi misérable que moi.

Bien persuadé des périls auxquels j'étais exposé dans ces montagnes, dont les habitans, comme tous ceux qui demeu-

rent dans les lieux élevés, sont ordinairement enclins au brigandage, je cherchai, par tous les moyens possibles, à m'attacher Boubou, qui m'avait montré tant de dévouement en défendant ma cause d'une manière si désintéressée ; mais ce marchand me répondit qu'il ne pouvait m'accompagner, étant retenu à Niébel par ses affaires. Désespéré de me voir abandonné de tout le monde au milieu de ces pays barbares, je fis part de mes craintes à Boukari. « Mon ami, me
» répondit-il, il faut avoir le cœur large
» (c'est-à-dire de la patience) quand on
» voyage chez les noirs ; dans une longue
» route, on rencontre des hommes perfides et d'autres très-humains. Toi-
» même, ajouta-t-il, ne m'as-tu pas dit
» que chez les blancs, si célèbres par leur
» humanité et leurs talens, on rencontre
» des hommes qui veulent massacrer les
» voyageurs pour s'emparer d'un morceau d'or ou d'argent ? Ali t'a mal-

» traité, je l'avoue; mais combien d'au-
» tres aussi t'ont reçu avec amitié! ras-
» sure-toi, l'Éternel nous sauvera. » Ces
sages avis me rendirent tout mon courage, qui commençait à être ébranlé par
tant de peines et de contrariétés.

Je rentrai dans ma case, ne songeant
plus qu'aux moyens à employer pour arriver aux sources des fleuves qui, d'a-
près ce que l'on m'avait dit, se trouvaient dans l'intérieur du pays. Comme
je craignais que, pendant la nuit, quelqu'un ne vînt m'attaquer, je mis tous
mes effets dans la cour; et, malgré la
pluie qui ne cessa de tomber, nous couchâmes en plein air. Pendant la nuit, je
reçus la visite du fils d'Ali, qui m'appor-
tait une petite calebasse de mil en présent de la part de son père; voyant que
je faisais quelques difficultés pour l'accepter, il m'assura que nous allions traverser un pays en proie à la famine, et
où il ne me serait pas possible de m'en

procurer. Les voleurs africains sont, comme on le voit, plus civilisés que les nôtres, puisqu'ils nourrissent les personnes qu'ils ont pillées.

Avant le jour, je réveillai Boukari pour préparer notre bagage ; ensuite nous nous rendîmes ensemble chez Ali. Nous étions sur le point d'y entrer, lorsque nous rencontrâmes Boubou, qui nous dit : « Retournez chez vous faire tous » vos préparatifs, je vous accompagne. » Que l'on juge de ma joie en entendant ces mots ! tous les obstacles étaient écartés, je pouvais partir; j'aurais, je crois, sauté au cou de Boubou, si sa couleur eût été moins foncée. C'était un homme d'une taille élevée, robuste, d'un caractère très-vif et parlant très-haut; habitué aux longs voyages, il était infatigable. Ses fréquentes relations de commerce avec les Européens lui avaient inspiré de l'affection pour eux; c'était par un effet de ce sentiment qu'il n'avait cessé, disait-il,

de me suivre depuis le Bondou. En un instant tout fut prêt; nous allâmes ensuite prendre congé d'Ali, qui me remit une lettre écrite en arabe, et conçue en ces termes : « Ali, fils du marabout Ab-
» doulai Paty, a écrit cette lettre; elle
» sera remise aux anciens de Timbo; il
» leur a écrit pour les engager à ne pas
» empêcher le blanc de voyager libre-
» ment, car c'est l'hôte de l'almamy, et
» l'envoyé du chef de Saint-Louis. Il a
» des marchandises; ne le gênez pas dans
» la route jusqu'à ce qu'il soit auprès de
» l'almamy; quiconque le verra doit le
» traiter avec bonté : il ne porte avec lui
» que des présens pour l'almamy. Salut
» aux anciens de Timbo. »

Je fus passablement étonné de voir Boubou, qui avait blâmé si hautement la conduite d'Ali et de ses gens, leur prendre affectueusement la main; mais je m'aperçus que dissimuler est un art aussi fréquemment employé en Nigritie qu'en Europe ; on se déteste, et l'on s'embrasse.

Notre marche se dirigea au sud. Nous passâmes devant les ruines d'un fort en pierres élevé jadis par des païens du pays, qui furent massacrés par l'armée de l'un des prédécesseurs de l'almamy actuel. Si j'avais trouvé la marche de Boubou trop précipitée dans le désert, elle me semblait maintenant bien lente, ce qui me contrariait beaucoup, parce que je craignais qu'Ali, ne se repentant de m'avoir laissé emporter le reste de mes marchandises, ne mît des gens à ma poursuite pour me les enlever. Cette appréhension m'empêchait de faire attention aux difficultés du chemin, qui, entrecoupé de rochers et de forêts, ne permettait pas de voyager avec célérité. Cependant à midi nous étions à Languébana, village habité par des Serracolets: ils avaient choisi cette position à cause du voisinage d'une petite rivière ; car cette nation se fixe de préférence dans les lieux où le poisson est abondant. La plupart des habitans sont propriétaires de fourneaux à fondre le fer; c'est le genre d'industrie auquel les Serracolets s'adonnent le plus volontiers. Pour battre ce métal, on se sert de fragmens de diabase granitoïde d'une forme arrondie, que l'on entoure d'une bande de cuir : cette bande est attachée à des courroies qu'un ouvrier tient dans les mains. Il soulève la pierre et la laisse tomber sur le fer, placé sur une enclume très-basse, que l'on enfonce dans le sable. C'est par ce procédé grossier et fort long qu'ils forgent le fer, et en forment des barres longues de huit pouces.

Le chef du village nous reçut dans sa case; elle était vaste, et construite en bambous; le dedans était peint en jaune avec des raies noires. Notre hôte, après m'avoir fait servir du lait, tira de sa poche deux petits pains faits avec du maïs et du miel, et me les offrit. Depuis mon arrestation à Niébel, je n'avais apaisé ma faim qu'avec quelques poignées de pistaches broyées; ces pains, simplement séchés au soleil sans avoir été cuits au four, me parurent exquis. Le chef de Languébana ne borna pas là ses soins : il fit donner à manger à nos montures, et voulut absolument me retenir chez lui jusqu'au lendemain. Ainsi se vérifia en peu de temps ce que m'avait dit Boukari, que dans une longue route on faisait souvent de bonnes et de mauvaises rencontres. Malgré les instances pressantes de notre hôte, nous nous remîmes en chemin. Nous ne sortîmes pas des montagnes, et ce ne fut qu'après des fatigues incroyables que nous pûmes atteindre le soir Landaumari, village bâti sur le sommet d'une montagne très-haute, et tellement roide, que les hommes ont été obligés de tracer un chemin en zig-zag pour y arriver. Mon cheval s'enfonça le pied entre des éclats de rochers, et sans les précautions extrêmes que nous prîmes, tous ses efforts pour se dégager l'eussent fait rouler dans les précipices qui nous entouraient.

1er *avril*.—Nous marchions toujours vers le sud; l'espoir du succès pouvait seul me faire supporter les fatigues incroyables de la route : il fallait sans cesse gravir des rochers escarpés; leur élévation semblait augmenter à mesure que nous avancions.

La brise de l'ouest qui rafraîchissait l'atmosphère dans l'après-midi, rendait la chaleur moins insupportable à cette époque du jour; mais pendant la nuit le froid devenait si vif dans ces montagnes, qu'il n'était plus possible de dormir à l'air; nous allâmes coucher à Nadeli.

Nous arrivâmes le 2 de bonne heure à Famère, village situé sur une montagne et entièrement bâti en bambous, à cause de la rareté de terre propre à la construction. Après avoir pris notre repas, nous descendîmes la montagne, et nous traversâmes une plaine immense arrosée par plusieurs ruisseaux. Nous vînmes coucher à Kanta, situé au pied de la chaîne des monts Tangué ou Badon ; elle s'étend du sud au sud-est ; son élévation est si considérable, qu'à la distance où nous en étions, les arbres qui la couvraient ressemblaient à de grandes herbes.

Nous allions toujours au sud ; nous prîmes le chemin par où l'on fait passer les troupeaux. Il est presque impraticable même pour des hommes : en effet, creusé par les pluies sur le flanc de la montagne que nous gravissions, il est rempli de cailloux de diabases granitoïdes arrondis, qui sont très-glissans. Au pied de la montagne il y avait quelques cases sur les bords d'un ruisseau qui sortait du milieu de la chaîne. Plus nous montions, plus le chemin était difficile ; sans les arbres qui la bordaient, nous eussions vingt fois tombé dans les précipices, dont nous ne regardions la profondeur qu'avec effroi. Nous atteignîmes enfin un endroit tellement escarpé, que Boubou saisit le cheval par la bride, tandis que je me tins derrière pour le pousser. Les forces manquèrent au pauvre animal; il fit la culbute, et entraîna Boubou dans sa chute. Je n'eus que le temps de me jeter de côté; sans ce mouvement j'étais écrasé. Je m'empressai d'aller au secours de mon guide. Les arbres dont le flanc de la montagne était parsemé l'avaient empêché de rouler dans le gouffre effroyable qui se trouvait à notre droite; il n'était pas blessé; mais mon cheval avait reçu une si forte secousse en tombant sur les rochers, que je jugeai dès-lors que je ne pourrais plus m'en servir. Nous parvînmes cependant, avec beaucoup de peine, à le remettre sur ses jambes. Boubou fut long-temps incapable de marcher; il avait d'autant plus souffert de sa chute, qu'il portait sur sa tête un grand nombre de pagnes qui étaient tombés de côté et d'autre, et que ses bras étaient embarrassés de deux outres, sur lesquelles il avait de plus mis son carquois.

Il était près de deux heures lorsque nous atteignîmes le sommet de Tangué; il était composé de terre rougeâtre et de pierres ferrugineuses. De ce lieu, un spectacle magnifique s'offrit à ma vue; je découvrais le pays à plus de vingt lieues à la ronde. Les montagnes situées au pied de celle où je me trouvais ressemblaient à des plaines immenses couvertes d'un épais brouillard. Les monts Tangué sont extrêmement élevés, et surmontés d'un pic qui est souvent caché dans les nuages; leur extrémité sud-est est formée de roches énormes de diabase : durant la saison des pluies, des nuées se remassent autour de leurs cimes; le tonnerre ne cesse de s'y faire entendre, et des déluges de pluie inondent les pays qui sont au-dessous. Cette chaîne forme une barrière naturelle qui met le Fouta Diallon à l'abri de ses ennemis du côté du nord; car une armée ne pourrait la franchir sans guides sûrs. L'air était si froid sur le sommet du Tangué, que je cherchai avec empressement un endroit exposé aux rayons du soleil pour m'y asseoir. Nous descendîmes ensuite dans un vallon couvert d'arbres, dont la verdure annonçait qu'il y règne un printemps perpétuel : c'est là que se trouve la source de la Coumba. Cette rivière jaillit du milieu de roches de granit, et, après avoir serpenté dans les défilés de ces montagnes, va joindre le Rio-Grande à l'ouest. Les gazons qui bordaient les rives de la Coumba, les baobabs, et d'autres grands arbres qui l'ombrageaient, rendaient ce vallon délicieux; l'air pur que l'on y respirait, et la fraîcheur des eaux de la rivière, nous firent oublier les fatigues inouïes que nous avions supportées. C'était avec une joie infinie que nous contemplions les hauteurs inaccessibles que nous avions franchies. Après nous être reposés, et avoir joui à loisir de ce spectacle magnifique, auquel des troupes d'oiseaux d'un plumage varié ajoutaient un charme de plus par leur voix mélodieuse, la faim nous obligea de gagner des cases juchées sur la pente des montagnes qui se trouvaient en face de nous. La femme de Boubou nous prépara un ragoût insipide appelé *mafit*, composé de pistaches grillées et broyées, et de farine de mil, le tout délayé avec de l'eau sans sel; l'appétit me le fit trouver délicieux. Nous quittâmes ensuite le lieu où nous avions fait halte, pour gagner Mali, grand village entouré de haies vives, et où l'on voit une mosquée en terre. Le chemin que nous parcourions passait sur de hautes montagnes, mais était agréablement entrecoupé par des ruisseaux dont les eaux étaient très-claires. On nous accorda le logement dans une case qui avait servi d'étable à des chèvres; l'odeur infecte qui s'en exhalait nous força d'aller coucher en plein air, malgré le froid, qui fut très-vif pendant la nuit.

Boubou nous dit qu'il avait besoin de rester encore un jour à Mali, parce qu'il voulait acheter une chèvre. Je ne fus pas surpris du temps que cette affaire devait lui prendre; car, dans la Nigritie, un marché pour une chèvre ne se conclut pas plus vite que s'il s'agissait d'un esclave. Il en est de même pour tout. C'est pourquoi la première qualité, selon les nègres, est la patience. La vivacité n'est à leurs yeux qu'un vice; ils nous le reprochent sans cesse. Ne te presse pas, est l'axiome qu'ils ont sans cesse à la bouche; il est parfaitement adapté à leur caractère paresseux et apathique. Les habitans des montagnes où nous étions sont si pauvres, que nous ne pûmes nous y procurer qu'un peu de farine de maïs, dans laquelle on versa le suc du fruit d'un arbre nommé *saugauli*. L'odeur de manne exhalée par ce détestable ragoût, que les nègres ne mangent même que dans la disette, me causa une si grande répugnance, que j'allai me coucher sans souper.

Depuis un certain temps je sentais ma santé s'affaiblir; les marches continuelles et pénibles que j'étais contraint de faire à pied, le changement de température et de nourriture, le manque absolu d'alimens auxquels l'estomac des Européens est accoutumé, avaient altéré mes forces; je m'en apercevais avec chagrin; cependant je ne perdais pas courage.

Pendant toute la journée du 5, nous gravîmes des montagnes. A leur pied coulaient des ruisseaux, dont la plupart allaient se jeter dans la Gambie. En passant le long d'un de ces ruisseaux, je fus en un instant couvert de fourmis, qui me firent éprouver des douleurs si aiguës par leurs piqûres, que, pour m'en délivrer, il fallut me déshabiller entièrement; ces douleurs, et la fatigue de traîner sans cesse mon cheval par la bride, me mirent dans un tel état d'épuisement, que je priai mes guides de s'arrêter sous un dioi. Il y avait auprès de cet arbre quelques cases dépourvues de toute espèce de provisions.

Le vent d'est soufflait avec violence. Dans les pays de plaine situés plus au nord, il embrase l'atmosphère, tandis que dans ces régions montagneuses, et dans la contrée qui s'étend immédiatement à l'ouest et au sud, il rafraîchit l'air. Cette différence donne lieu de conjecturer qu'avant d'arriver dans le Fouta Diallon, il passe sur des montagnes très-élevées. Après avoir laissé à l'ouest une chaîne très-haute et dominée par le pic de Niomri, nous gagnâmes Fobé. J'étais si abattu par le manque de nourriture, n'ayant pu manger depuis deux jours, que mes noirs m'avaient placé sur mon cheval, quoique ce pauvre animal, depuis long-temps réduit au même régime, pût à peine mettre une jambe devant l'autre.

En arrivant dans le village, je m'adressai à plusieurs marabouts pour avoir de l'eau ; mais je ne pus en obtenir. J'allai donc implorer la pitié du maître d'école, que je vis assis avec ses élèves devant sa maison. Après le salut d'usage, le nègre levant la tête, s'écria : « Quoi, » c'est un blanc qui demande de l'eau ! » Aussitôt il m'en fit donner; puis, s'étant aperçu que je mangeais avec avidité un fruit nommé dans le pays *coura,* « Tu as donc bien faim? me dit-il; viens » dans ma case, pauvre malheureux ! » Je suivis ce brave homme, qui rompit un gâteau composé de mil et de pistaches, et m'invita à en prendre la moitié; je crus ne devoir pas me montrer moins libéral, et j'allai partager ce précieux présent avec mes compagnons de voyage. Les autres habitans du village, piqués d'émulation par l'action généreuse du maître d'école, s'empressèrent de l'imiter, et m'apportèrent chacun quelque chose pour mon souper; l'un, un petit rayon de miel; l'autre, deux épis de maïs; un troisième, un petit morceau de viande bouillie enveloppé dans un linge. Je ne fus pas ingrat envers ces hommes si humains qui se privaient du nécessaire pour nourrir un blanc, un étranger, un inconnu; je payai largement leurs présens modiques en réalité, mais d'une valeur bien grande par la manière dont ils étaient donnés. Le repas que nous fîmes avec d'aussi minces provisions ne put rétablir mes forces, à beaucoup près; car les fruits, que je n'avais cessé de manger, avaient dérangé mon estomac par leur acidité ou leur crudité.

L'épuisement dans lequel m'avait jeté le peu d'alimens que j'avais pris depuis trois jours, me fit plusieurs fois tomber en faiblesse durant la journée du 6. Notre chemin se dirigea entièrement au travers de montagnes composées de roches granitoïdes. Nous n'avions encore parcouru que cinq lieues, lorsque le bêlement des moutons et le chant des coqs nous firent espérer de trouver des provisions à Iélata.

Malheureusement les Djalonkés qui habitaient ce village n'étaient pas en état de nous en fournir. Nous étions prêts à partir à jeun, lorsqu'un marabout, qui se rendait au marché de Labbé, me vendit un chevreau pour six grains d'ambre, et une petite mesure de sel pour un grain; il y avait si long-temps que je n'avais goûté de sel, que je le mangeais avec autant de plaisir que du sucre. Impatienté de ne pas voir un de mes guides venir tuer mon chevreau, je chargeai un Djalonké de cette besogne. Un instant après Boubou et Boukari arrivèrent. A la vue de l'animal étendu à terre, leur figure prit un aspect sinistre, comme si un grand crime eût été commis. « Nous ne mangerons pas » de ce chevreau, me dit Boukari; c'est » un païen qui l'a tué. — Mais, répon— » dis-je, vous recevez bien son dîner » s'il vous l'offre ; vous logez dans sa » case; êtes-vous moins coupables alors » aux yeux de Mahomet? — Nous le se— » rions, répliquèrent-ils, si nous tou— » chions à cette viande impure. » Que répondre à des hommes que la superstition aveugle à ce point! Quant à moi, comme ma religion ne m'ordonnait pas d'être si scrupuleux, je priai le païen de faire boucaner une partie de la viande, et de me préparer une outre avec la peau. Mes forces et mon courage commencèrent à renaître à la vue seule du bon repas que j'allais faire, ce qui me montra que le physique a quelquefois un bien grand ascendant sur le moral. Mes guides, malgré le besoin qui les tourmentait, me regardèrent manger sans manifester le moindre desir de fausser leur serment. Quand je me sentis restauré, nous nous mîmes en route. Nous traversâmes d'abord la rivière de Iélata, qui coule à l'est, et se jette dans la Gambie. La route au milieu des montagnes fut encore très-pénible. Nous nous arrêtâmes à Foundatani. Le nègre qui nous reçut nous servit un copieux souper, mais ne nous donna d'autre gîte que sa cour, et d'autre lit que la terre.

Le bon repas de la veille avait rendu à Boukari et à Boubou toute leur vigueur; aussi nous étions en route avant le lever du soleil. Les chemins que nous traversions étaient d'autant plus difficiles, que les habitans de ces montagnes, au lieu de retirer les pierres qui les couvrent, renversent et laissent sur la voie les arbres qu'ils coupent dans les bois. Nous passâmes à gué la rivière de Poré Coura, qui va se réunir à la Gambie. Les arbres élevés et touffus qui ombragent les bords de cette rivière étaient couverts de gros singes de quatre pieds de haut, qui aboyèrent de toutes leurs forces en nous voyant; mes guides m'empêchèrent de tirer sur eux, prétendant qu'ils viendraient tous nous assaillir, et que d'ailleurs c'était un crime de donner la mort à des hommes que leurs péchés avaient fait changer en singes. Nous franchîmes ensuite une montagne entièrement nue. Sa masse étoit composée de roches ferrugineuses, de cendres grisâtres et de sable jaunâtre. De ce point élevé nous découvrîmes Bandéia, situé sur le penchant d'une autre montagne. Ce fut la mosquée de ce village qui nous le fît apercevoir à la distance considérable où il était encore. Boubou y demeurait. Dès que nous y fûmes arrivés, il nous offrit l'hospitalité. Bientôt la nouvelle de son heureux retour amena chez lui tous ses voisins, qui vinrent le féliciter, quoiqu'il ne fût qu'un méchant homme, comme je l'appris depuis à mes dépens.

Nous avions besoin de prendre du repos et de faire quelques provisions; je séjournai donc à Bandéia. Mon pauvre cheval était si accablé par la fatigue, qu'il refusait de manger. Je convins en conséquence avec Boubou de le laisser chez lui jusqu'à mon retour de Timbo; il s'engageait à lui donner deux mesures de mil par jour, et une certaine quantité de foin; je devais, de mon côté, lui payer dix grains d'ambre et trente coups de poudre par mois. Si, à mon retour, mon cheval était rétabli, je ferais un présent à Boubou, et dans le cas où l'animal mourrait, Boubou lui couperait la queue et les quatre pieds pour me les faire voir ; une semblable précaution est indispensable avec ces peuples. Cet arrangement terminé, je cherchai, pour hâter mon départ, à mettre dans mes intérêts Abdoul, chef du village, que sa parenté avec l'almamy avait rendu très-puissant dans le pays. Je lui fis donc présent de trois grains d'ambre, et j'ajoutai à ce don trois autres grains pour sa sœur, dont j'avais jusqu'alors ignoré l'illustre naissance, car je l'avais vue qui menait elle-même paître ses troupeaux ; nouvel exemple des mœurs patriarcales de ces peuples. Abdoul donna de grands éloges au dévouement qui m'avait fait entreprendre un voyage aussi périlleux pour voir l'almamy, et ajouta qu'il fallait que je fusse un homme bien courageux pour traverser tant de pays dans ce seul but. « Ce prince, s'écria-t-il, sera fier d'être » visité par un blanc, et te fera aussi » grand que lui. » La reconnaissance d'Abdoul ne se borna pas à ces discours pompeux ; il voulut absolument me nourrir pendant mon séjour à Bandéia, et m'assura qu'il était désolé de n'avoir pas un mouton ou un chevreau à m'offrir ; quand même cette excuse n'aurait pas été sincère, elle annonçait quelques principes de civilité. Il fit encore plus, et c'était ce que je desirais principalement, il me promit un guide jusqu'à Timbo. Je pensais qu'un homme du pays me serait très-utile, parce que, le connaissant mieux que mes deux autres guides, qui étaient étrangers, il pourrait m'indiquer tout ce qu'il y avait de curieux.

Pendant que je faisais préparer mes provisions, qui consistaient en quelques ognons, et trente-six petits pains de riz séchés au soleil, je reçus les visites d'un grand nombre de femmes qui arrivaient de tous les villages voisins. Avant d'entrer dans ma case, elles s'agenouillaient à la porte, saluant les personnes qui se trouvaient dans l'intérieur; elles restaient ainsi dehors jusqu'à ce que je leur permisse d'entrer; d'ailleurs elles ne voulaient s'asseoir que sur le sable. L'une d'elles m'apprit que le capitaine anglais Campbell, dans son expédition pour pénétrer dans l'intérieur de l'Afrique, en 1817, avait perdu tous ses ânes, et qu'il s'était vu obligé de jeter dans la rivière de Thomine ou Dunzo la plus grande partie de ses marchandises. Pour prix des renseignemens qu'elle me fournissait, cette femme me demanda un gris-gris qu'elle destinait à mettre dans son bain, et elle m'offrit, pour ma peine, une douzaine d'oranges; la joie que j'éprouvai à la vue de ces fruits fut égale à celle que ressentit le sauvage de M. Bougainville en revoyant un cocotier. L'espoir de me promener dans peu de jours sous les arbres qui les produisaient, me portait à hâter mon départ. Mais Ali, mon guide, n'était pas encore prêt. J'étais accoutumé à de semblables retards ; ils ne désarmaient plus ma patience ; mais celui-ci me contrariait beaucoup, car la saison des pluies approchait. Une colonne immense de sable, dont le sommet touchait aux nuages, avait parcouru l'horizon dans la journée : c'est un indice infaillible de l'arrivée prochaine des pluies, qui, dans ces contrées intérieures, durent six mois.

Avant de nous mettre en route, mon nouveau guide me demanda une avance sur la récompense que je lui avais promise. Je lui donnai trois grains d'ambre, lui promettant de le satisfaire au gré de ses desirs, si j'étais content de lui ; de son côté, il me jura de me mener partout où je voudrais porter mes pas. Dans un bois qui s'étendait à l'ouest jusqu'à des montagnes ferrugineuses entièrement pelées, mon guide me fit remarquer un arbre nommé bori ; il est petit ; son écorce est noire et raboteuse. On extrait, par ébullition, de ses feuilles un sel qu'emploient dans leurs alimens les gens du pays. Au sortir de ce bois, je traversai des champs de riz sec placés sur le penchant d'une haute montagne, où est situé le village de Songui. Il ne s'y trouvait alors que des femmes, les hommes étant allés vendre des esclaves à Kakandé sur le Rio-Nunez.

Nous nous trouvions dans le Fouta Diallon proprement dit. Les cantons de Niébel ou Niokolo et de Bandéia, que nous venions de parcourir, sont, à la vérité, soumis au même souverain que cet empire; mais son pouvoir n'y est pas si absolu.

L'aspect des montagnes du Niokolo et du Bandéia montre que ce pays a été volcanisé. Les tremblemens de terre y sont très-fréquens; lorsque je le traversai, il n'y avait pas deux mois que l'on en avait ressenti un, dont les secousses s'étaient étendues jusqu'à Timbo. Il avait été si violent, que les habitans avaient cru voir la fin du monde. La montagne située au nord de Bandéia, et qui est couverte de cendres, comme je l'ai dit plus haut, est souvent ébranlée. Mon guide me racontait qu'étant un jour assis avec ses camarades sous un arbre, de petites flammes sorties de terre brûlèrent des herbes desséchées qui se trouvaient auprès d'eux ; ce sont des chercheurs de miel, s'écrièrent-ils tous ensemble (1) ; mais, lorsque le jour revint, ils reconnurent que les flammes qu'ils avaient vues étaient dues à une cause différente. La chaîne de montagnes qui forme au nord la défense naturelle du Fouta Diallon, est très-haute ; elle n'of-

---

(1) Comme le miel se trouve ordinairement dans les nids des termites, les habitans du pays sont obligés d'y mettre le feu pendant la nuit pour pouvoir s'en emparer sans courir le danger d'être piqués par les abeilles.

fre à l'œil que des diabases granitoïdes et des roches ferrugineuses. On rencontre dans ses vallées du schiste argileux posé verticalement. On voit aussi çà et là du quartz laiteux, du jaspe blanchâtre et des psammites schistoïdes. Le terrain noirâtre qui les couvre en quelques endroits n'est composé que de cendres et de débris de plantes. Une partie est couverte de forêts épaisses, où l'on rencontre des arbres de la plus grande beauté. On en pourrait tirer sans doute des bois excellens pour la charpente et l'ébénisterie; mais les moyens de transport manquent; car presque toutes les rivières qui coulent au milieu de ces montagnes sont barrées en plusieurs endroits par des bandes de rochers. Le fer est le seul métal que l'on exploite dans ce canton; il doit aussi contenir de l'or, car plusieurs rivières en charrient. Cependant les habitans n'ont pas travaillé à découvrir les mines où il se trouve. Ils ont cherché des pierres à fusil, mais inutilement. Leur ignorance les a empêchés d'employer le quartz, qui aurait, en partie, rempli le même objet. L'horizon est toujours brumeux sur ces montagnes. Celles qui dominent au-dessus des autres jouissent d'une température plus fraîche que celles qui sont plus basses et renfermées entre d'autres hauteurs. L'air, ne pouvant y circuler librement, y est d'une chaleur étouffante. Leur pente est si escarpée, que l'on ne peut parvenir à leur sommet avec des bêtes de somme; on est réduit à faire porter les fardeaux par des hommes. C'est pourquoi l'almamy, qui voit combien ces difficultés nuisent au commerce de ses états avec les pays voisins, a offert une récompense considérable à quiconque pourrait amener un chameau dans ses états. Ces monts s'élèvent toujours davantage en se prolongeant à l'est. Leurs ramifications s'étendent dans toutes les directions; elles renferment les sources d'une infinité de ruisseaux, dont la fraîcheur seule produit quelque verdure sur leurs bords au milieu de cette terre désolée.

Le fanatisme des sectateurs de Mahomet a obligé les hommes qu'il poursuivait à y chercher un asile. Les peuples fugitifs qui s'y sont établis n'ont pas fixé leur demeure dans le creux des rochers, ainsi qu'on l'a cru : leurs cases ont la forme de tentes, comme celles que les Poules bâtissent partout où ils se fixent. Des Dialonkés qui n'ont pas encore renoncé ouvertement au fétichisme s'y sont retirés, et ont conservé la liberté de ne pas penser comme leurs maîtres : mêlés avec les Poules, ils ont produit une race de mulâtres difformes, si on les compare à ceux du Foutatoro. Presque sauvages, la présence seule des mahométans les contient sous le frein des lois; en secret ils maudissent l'almamy, qui en est l'exécuteur. Ils m'ont volé; je suis surpris qu'ils ne m'aient pas assassiné, car personne n'aurait pu venger ma mort. Réduits, par l'âpreté du pays où ils vivent, à arracher les pierres qui couvrent le sol pour pouvoir y semer quelques grains, c'est à quoi se bornent leurs travaux, car ils laissent à la Providence le soin de les faire germer et croître. Leur misère est égale à la stérilité de leur pays; tout est bon pour ces hommes; les feuilles des arbres, le suc de quelques fruits sauvages, une poignée de pistaches, apaisent leur faim; ils se vantent de leur sobriété; mais cette vertu chez eux n'est que forcée. Le sel est extrêmement rare dans ces cantons; on l'enveloppe dans de petits morceaux de pagne avec autant de soin que de l'or. La figure des habitans a quelque chose de hideux; leurs traits sont grossiers; c'est avec peine qu'on distingue chez eux les formes élégantes du Poule. Leur chevelure est éparse, leurs dents sont mauvaises; leur caractère est apathique : peu hospitaliers, parce qu'ils n'ont rien à offrir, il faut s'attendre à ne trouver chez eux que le gîte, et souvent rien du tout : combien de fois n'ai-je pas offert de l'ambre pour du mil, sans avoir pu m'en procurer! Les femmes y sont méchantes, vindicatives, et ne cessent de demander des présens; quelques-unes ont de jolis traits; mais leurs dents gâtées détruisent leurs charmes.

Elles travaillent beaucoup; c'est le sort commun de toutes les Africaines. Lorsque l'on demande de l'eau ou du lait à une femme, elle ne répond rien, si son mari est à la case; s'il est absent, elle accueille l'étranger avec bonté; ces négresses seraient-elles perfides? L'autorité des époux est absolue. Les villages ressemblent à des camps; les habitans ne possèdent que peu de bétail, qui est de petite taille. Les vaches donnent peu de lait. Il est rare de rencontrer des moutons. On ne voit chez eux ni ânes ni chevaux. Mon âne jetait l'effroi dans tous les villages. Le lion ni l'éléphant n'ont pas franchi ces hauteurs presque inaccessibles; le premier n'y a pas trouvé une proie assez abondante, et l'autre n'a pu les escalader. Les hyènes et les panthères s'y trouvent en grande quantité; le singe peuple les forêts; quelques gazelles errent dans les gorges de ces montagnes. La population est très-peu considérable. Les richesses des habitans consistent en esclaves, qui sont très-nombreux. Le prix d'un esclave est de quinze piastres; les piastres passent dans le commerce d'échange comme objet d'ornement. L'argent a, aux yeux des noirs, presque autant de prix que l'or; et un voyageur qui se serait pourvu de petites pièces de monnaie serait sûr de ne jamais manquer de rien, puisque l'argent est très-recherché partout.

Les montagnes qui dominent Niébel sont habitées exclusivement par des Dialonkés qui occupent quatre villages, appelés Tenda Niébel. Ils paient tribut au chef de Bandéia : de même que tous les hommes de leur nation, ils adorent trois morceaux de bois noués ensemble, l'un blanc, l'autre noir, et le troisième rouge : ce faisceau est leur dieu. Les habitans des villages font des incursions les uns chez les autres ; l'ami vend son ami.

Le 11, nous entrâmes dans un pays moins montagneux et moins pierreux que celui où nous avions voyagé les jours précédens ; mais à l'ouest nous apercevions de hautes montagnes ; le Rio-Grande coulait du même côté. La ville de Labbé était au sud-est : nous avons marché jusqu'à deux heures pour atteindre Toulou ; car, dans le Fouta Diallon, on ne s'arrête pas pour laisser passer la grande chaleur du jour ; le village où l'on se repose est celui où l'on couche. Toulou est un des lieux les plus agréables que j'aie rencontrés. Les habitans enferment leurs maisons et leurs champs, quand ils ne sont pas trop étendus, dans une même enceinte formée de grandes euphorbes qui passent pour être vénéneuses : en ayant cassé des morceaux, j'en ai vu sortir le suc laiteux qui caractérise ce genre de plantes. Ces divers enclos sont séparés les uns des autres, et laissent entre eux un espace assez grand pour servir de rue. Les cases sont très-régulièrement bâties, et hautes de six pieds ; deux portes placées vis-à-vis l'une de l'autre y entretiennent un courant d'air qui en rafraîchit l'intérieur ; le plancher, en terre durcie au soleil, est orné de dessins suivant le goût des propriétaires. Chaque jour on lave la case, on la balaie ; et, pour y maintenir la propreté, il est défendu d'y cracher. Avant d'y entrer, on ôte ses sandales, qu'on laisse à la porte.

L'herbe est si rare dans les environs

de ce village, qu'on nourrit les bestiaux dans la saison froide (comme l'appellent les noirs) avec les feuilles des arbres : le mil manque absolument, mais le riz et le foigné y croissent en abondance.

Je retrouvai à Toulou nos compagnons de voyage de Cacagné, qui nous avaient quittés si brusquement à Niébel; ils me prièrent de les attendre pour faire la route jusqu'à Timbo. Je refusai leur demande, parce que je ne me souciais guère de leur compagnie, sachant que, dans un moment de danger, ils ne me seraient d'aucun secours : la pusillanimité avec laquelle ils m'avaient abandonné lorsque Ali m'arrêta m'avait instruit sur ce point : ensuite je voulais profiter du voisinage des sources de la Gambie et du Rio-Grande pour les aller reconnaître, conformément à mes instructions. Je n'avais pas caché à mon guide le desir que j'avais de visiter les lieux où ces fleuves prennent naissance.

« Ah! me répondit Ali, les habitans ne
» le souffriront jamais; ils savent que les
» blancs ne veulent les connaître que
» pour s'emparer du pays. » Je lui donnai trois grains d'ambre. Ce présent fut un argument irrésistible auquel cédèrent les terreurs d'Ali. Lorsque nous eûmes pris notre repas, nous reçûmes la visite d'un grand nombre d'habitans de Toulou, qui furent très-surpris de nous voir partir. Je leur fis dire par mon interprète, que j'allais à Satina chercher des provisions, puisque tout manquait à Toulou : comme ils ne paraissaient pas convaincus de la vérité de ce qu'on leur disait, je fis précipiter notre départ. J'arrachai du milieu d'un cercle nombreux Boukari, qui, entraîné par le plaisir de raconter les merveilles de Saint-Louis, où il habitait, tardait à se lever. Quand nous nous fûmes mis en route, mon cœur palpitait chaque fois que je rencontrais un homme; je crai-

gnais que tout le monde n'eût deviné mon dessein, et qu'on ne mît des obstacles insurmontables à son exécution. Notre guide nous fit d'abord aller à l'ouest ; puis, regardant de tous côtés pour voir si quelqu'un l'observait, il tourna au nord-ouest, et nous mena coucher à Rumbdé Toulou. C'est en plein jour qu'il faut faire de semblables expéditions pour ne pas éveiller les soupçons d'un peuple aussi défiant que les Poules.

Nous n'avions pu dormir tranquillement ; nous étions dans des transes continuelles ; le 12 au matin, après avoir bien fait manger mon guide pour lui donner du courage, nous suivîmes la direction de l'ouest, prenant des chemins détournés dans de hautes montagnes nommées Badet : nous finîmes par arriver au sommet d'une de ces hauteurs ; il était entièrement découvert ; de sorte que nous aperçûmes en bas devant nous deux bouquets de bois : l'un cachait la source de la Gambie (en poule, **Diman**), l'autre celle du Rio-Grande (en poule, **Comba**). La joie que me fit éprouver cet aspect ne put être troublée par les réflexions d'Ali, qui chercha à me détourner de mon dessein en me jurant qu'on m'assassinerait, si l'on me voyait aller aux sources. Mais, s'apercevant que ma détermination était bien prise, il me dit de le suivre comme si je chassais, et engagea Boukari à se rendre seul au village voisin (1). Satisfait de cet arrangement, je voulus, à tout hasard, me mettre à même de résister à une attaque, et je chargeai mes fusils. Il est difficile de peindre l'inquiétude d'Ali; sans cesse il regardait en arrière; mais le desir de remplir ses promesses lui fit oublier les dangers qui nous menaçaient, et dont l'idée seule le glaçait de terreur. Continuant à nous diriger à

---

(1) Les Foules du Fouta Diallon appellent ce village *les Sources*.

l'ouest, nous descendîmes rapidement la montagne ferrugineuse dont nous parcourions le sommet depuis le lever du soleil, et nous arrivâmes dans un beau vallon; à droite et à gauche se montraient de petits villages sur le penchant des coteaux. Le sol était couvert d'herbes hautes et touffues, mais desséchées; on n'y apercevait pas un caillou : deux bouquets de bois qui ombrageaient les sources, objets de mes recherches, s'élevaient au milieu de cette campagne, que la sécheresse avait dépouillée de sa verdure. Lorsque j'entrai dans celui qui couvre la source du Rio-Grande, je fus saisi d'un sentiment religieux, comme si je fusse entré dans une de ces sources sacrées où le paganisme avait placé la demeure des divinités. Des arbres aussi vieux que ce fleuve le rendent invisible aux regards de quiconque ne pénètre pas dans ce bois; sa source jaillit en bouillonnant du sein de la terre, et coule au nord nord-est en passant sur des rochers. A l'époque où je vis le Rio-Grande, il roulait lentement ses eaux bourbeuses; à trois cents pas environ de la source, elles étaient plus claires, et nous pûmes nous y désaltérer. Ali me dit que, dans la saison des pluies, deux ravines alors à sec, creusées dans le coteau voisin, et dont l'extrémité aboutit à la source, y conduisaient deux torrens qui la grossissaient; à quelques lieues du point où il sort de terre, le Rio-Grande changeant la direction de son cours, coule à l'ouest; mais alors il est déjà hors du vallon.

Marchant ensuite au sud-sud-ouest dans la même prairie, Ali frappa tout-à-coup du pied, et le terrain retentit d'une manière effrayante. Après avoir fait treize cents pas, nous arrivâmes au bois qui couvrait la source de la Gambie; je me frayai un passage à travers les buissons épineux qui croissaient entre les arbres, et je pus la voir : elle était alors comme l'autre, peu abondante; celle-ci sort de dessous une espèce de voûte au milieu du bois, et forme deux branches; l'une, qui va au sud-sud-ouest, s'arrête à peu de distance par l'égalité de niveau du sol, qui ne lui permet pas d'aller plus loin, même dans la saison des pluies; l'autre coule par une pente peu rapide, et se dirige au sud-sud-est. Au sortir du bois et à six cents pas plus loin, elle n'a que trois pieds de largeur. Après avoir reconnu un point aussi important que la position respective des sources de la Gambie et du Rio-Grande, si peu éloignées l'une de l'autre, je me hâtai de rejoindre Boukari, qui nous attendait avec une impatience mêlée d'inquiétude; nous nous réjouîmes ensemble de n'avoir fait aucune fâcheuse rencontre; en effet, nous n'avions aperçu que des troupeaux de bœufs errans sans bergers dans les prairies qui avoisinent les sources des deux fleuves.

Le vallon où elles se trouvent forme une espèce d'entonnoir, n'ayant d'autres issues que les deux gorges par où les rivières en sortent. L'homme n'a jamais osé porter la hache dans les bois qui cachent ces deux sources, parce que les naturels du pays croient qu'ils sont habités par des esprits ; leur respect pour ces lieux va si loin, qu'ils se gardent d'y porter leurs pas, et si quelqu'un m'avait vu y pénétrer, j'aurais infailliblement été massacré. Ces deux sources, situées dans un entonnoir entre de hautes montagnes couvertes de pierres ferrugineuses et de cendres, et dépouillées presque entièrement de verdure, me portent à supposer qu'elles occupent le cratère d'un volcan éteint : ce terrain, qui retentit sous les pieds, recouvre probablement les abîmes d'où sortaient les tourbillons de feu.

De peur d'éveiller les soupçons des habitans du voisinage, nous quittâmes promptement le village où nous avions fait halte, et, marchant au sud, nous arrivâmes bientôt sur les bords de la Gambie ; ils sont garnis d'arbres de la plus grande beauté ; à droite et à gauche, le terrain, formé par les alluvions, est d'une fertilité merveilleuse. On y voyait des champs de foigné, de riz et de tabac qui promettaient une récolte abondante. Le fleuve coule en serpentant au milieu de cette riche campagne : ses circuits nombreux nous forcèrent à le traverser plusieurs fois pour ne pas trop alonger notre route ; je le voyais pour ainsi dire croître depuis sa source à mesure que je m'en éloignais. Dans l'endroit où je le passai pour la dernière fois, il avait vingt pieds de large, et son courant était peu sensible ; des cailloux de diabases granitoïdes forment son lit. En quittant ses bords, nous gravîmes les montagnes qui nous entouraient ; leurs flancs étaient tapissés de fleurs d'une blancheur éblouissante, qui exhalaient un parfum semblable à celui de la fleur d'orange ; nous ne vîmes sur ces hauteurs que trois cases, dans l'une desquelles on nous donna l'hospitalité.

Notre hôte était cordonnier; son talent nous fut très-utile pour réparer nos chaussures, que la longueur de notre voyage avait déjà mises en fort mauvais état. Cette besogne nous ayant retenu quelque temps, nous partîmes assez tard le 13, et nous eûmes à supporter dans notre marche le poids de la chaleur du jour. J'oubliai ce surcroît de fatigue en entrant dans Cambaia. Les rues de ce village étaient ombragées par des orangers dont les fleurs embaumaient l'atmosphère. Je devais naturellement me former une idée favorable de ce lieu; mes espérances ne furent pas déçues; tout se trouvait ici en abondance. Pour un grain d'ambre j'achetai trente livres de riz et trente oranges.

Nous avions marché au nord-ouest pour arriver aux sources de la Gambie et du Rio-Grande ; ce but atteint, nous reprîmes la route du sud-est, en sortant de Cambaia, et, à peu de distance de ce lieu, nous allâmes passer la nuit dans un rumbdé proche du chemin ; c'est ainsi qu'on nomme les villages dans lesquels les Poules du Fouta Diallon rassemblent leurs esclaves. Ils y vivent sous l'autorité d'un de leurs camarades. Chaque rumbdé porte le nom du village auquel il appartient.

Le pays que nous parcourûmes dans la journée du 14 était plat. Nous avions les montagnes à l'est et à l'ouest. Nous passâmes à gué le Dombé, rivière qui coule à l'est, et se jette dans la Falemé, et nous fîmes halte à Kala. La longueur démesurée de mes cheveux me gênant beaucoup, je me mis à les couper ; un marabout s'en empara avec empressement, comme d'un excellent talisman pour préserver des maux de tête. Si je fus flatté de ce qu'un homme docte supposait de si grandes vertus au superflu de ma chevelure, mon amour-propre fut singulièrement mortifié de voir que le changement qui venait de s'opérer dans mon extérieur ne me rendait pas plus agréable aux yeux des négresses; je jugeai même, d'après la conversation de celles qui vinrent me voir, qu'en général les hommes à face blanche ne leur plaisent pas beaucoup. J'avais peut-être contribué à augmenter les préventions de ces négresses contre eux, en leur avouant, à leur grand étonnement, que je n'étais pas marié. En effet, cette circonstance, que mon âge ne pouvait pas justifier dans un pays où l'on a pris femme depuis long-temps à vingt-un ans, fut expliquée d'une manière à montrer que les Européens ne sont point des rivaux fort dangereux pour les nègres.

Lorsque la chaleur eut diminué, nous

nous remîmes en route. Nous traversâmes le Contari, petite rivière qui se jette dans le Dombé, et nous allâmes coucher à Fénolengué. Le pays que nous parcourions depuis deux jours était fertile et bien cultivé. Les esclaves étaient occupés aux travaux des champs sous l'inspection de leurs maîtres. Les uns défonçaient la terre, d'autres semaient; les enfans ramassaient la fiente des troupeaux pour servir au chauffage pendant la saison des pluies; car les nègres n'aiment pas alors à sortir pour aller couper du bois dans les forêts. Nous nous arrêtames dans le milieu du jour à Rumbdé Gali, que deux arbres très-hauts, nommés bentang, font reconnaître de très-loin. Les habitans de ce village étaient affligés de maladies vénériennes; ils vinrent en foule me demander des remèdes, car les nègres, on le sait, regardent généralement les blancs comme des médecins. J'eus le chagrin de ne pouvoir répondre à la haute opinion que ces pauvres gens avaient de mes talens; certes, ils étaient dignes de compassion; car quelques-uns ressentaient des douleurs si aiguës, qu'ils en jetaient les hauts cris. Quelques sudorifiques sont les seuls remèdes que la Providence ait mis à la disposition de ces infortunés; ils en connaissent l'usage; mais il paraît qu'il n'est pas suffisant pour les soulager. Je m'empressai de quitter ce triste lieu, où mes oreilles étaient sans cesse frappées du son de voix plaintives. Nous allâmes passer la nuit à Dongué.

J'avais promis à mon guide un chevreau pour célébrer la découverte des sources: je lui tins parole à Dongué. Il fut chargé de tuer le chevreau. Selon la coutume de quelques bouchers africains, il avala la rate toute crue et tout entière, sans qu'elle touchât même ses dents; mais ce fut tout ce qu'il goûta de l'animal. Au moment où le festin commençait, une dispute s'éleva entre Ali et notre hôte. Je pris le parti de ce dernier qui avait raison. Alors Ali jura par Mahomet de ne plus manger avec moi et de me quitter, puisque je soutenais un homme qui l'avait insulté. Ce serment me chagrinait d'autant plus, que le secours de ce guide intelligent m'était nécessaire pour arriver aux sources de la Falemé et du Sénégal, que je voulais reconnaître. Allié à une des premières familles du Fouta Diallon, le nom seul d'Ali me faisait respecter partout où j'allais. Le succès de mon entreprise exigeait que je fisse des démarches pour me réconcilier avec Ali; mais, d'un autre côté, l'orgueil européen m'empêchait de m'avancer le premier. Cependant je surmontai ma répugnance, et je chargeai Boukari de donner deux grains d'ambre à Ali pour l'apaiser. Ce don produisit l'effet que j'en espérais. Ali promit de m'accompagner partout où j'irais; mais il resta fidèle à une partie de son serment en refusant de manger de mon chevreau.

15 avril. — A deux lieues au-delà de Dongué, nous entrâmes dans Séfoura, grand village où l'on remarque une mosquée. Il était de trop bonne heure pour nous y arrêter; nous allâmes donc jusqu'à un rumbdé situé à une certaine distance. Les orangers que je vis dans cet endroit étaient si chargés de fruits, qu'on ne distinguait plus les feuilles. Quelques grains de verroterie suffirent pour acheter une calebasse remplie d'oranges et de bananes. Depuis ce village jusqu'à Timbo, le pays est couvert d'orangers, de papaïers et de bananiers. On conçoit sans peine le plaisir qu'éprouve, en arrivant dans une contrée riche des plus beaux dons de la nature, le voyageur qui vient de traverser des cantons condamnés à ne produire que des fruits amers ou sans saveur. C'est aux Portugais que le Fouta Diallon est redevable des végétaux précieux que je viens de nommer. Ils ne sont pas indigènes de l'Afrique, et le nègre n'a, pour les désigner, que les noms qu'ils portent dans la langue portugaise. Mais le sone, que je vis pour la première fois dans ce rumbdé, et qui produit un fruit exquis, disposé en grappe comme le raisin, est un arbre africain.

A peine sortis de ce rumbdé, un vieillard, que nous rencontrâmes sur la route, me pria d'ôter mon chapeau, puis il me prit la tête avec les deux mains, et se les passa ensuite sur la figure, témoignant la plus vive satisfaction d'avoir vu un blanc avant de mourir. Après avoir traversé sur un pont qui consistait en un tronc d'arbre, la rivière de Boié, qui joint ses eaux à celles de la Falemé, nous entrâmes dans Boié, très-joli village dans une position charmante. Nous attendions que quelqu'un nous offrît un asile, lorsque Boubakar, chef du village, arriva accompagné de ses trois femmes; il revenait de ses champs, où il était allé diriger les travaux de ses esclaves. Aussitôt que ces femmes m'eurent aperçu, elles se couvrirent de leur voile. Boubakar leur ordonna de se découvrir et de me saluer, ensuite il me fit entrer dans une de ses cases. A l'instant on me prodigua des soins qui me rappelaient ceux dont j'avais été l'objet chez Fonebé. On m'apporta deux douzaines d'oranges pour étancher ma soif, et l'on étendit à terre plusieurs nattes qui me composèrent un lit excellent pour l'Afrique.

Boubakar entra dès le matin dans ma case, et me dit que, desirant me déterminer à séjourner dans son village, il me faisait présent d'une chèvre. Les protestations d'amitié dont il accompagna ce don me décidèrent à condescendre à ses vœux. La présence de Boubakar m'avait délivré des importuns; dès qu'il fut sorti, je vis arriver chez moi d'abord tous les enfans du village, qui m'apportèrent chacun leur petit présent d'oranges; ensuite parurent les vieillards, et enfin une foule de femmes. Chacune en entrant me prit la main, et me demanda les secours de la médecine contre les maux qui l'affligeaient. Cette consultation me fit connaître que les maladies les plus communes en ce lieu, étaient le mal vénérien, la goutte et les goîtres.

Quand ces malades se furent retirés, une femme m'offrit une calebasse pleine d'oranges, en me suppliant de lui donner une herbe pour avoir des enfans. Je lui répondis que la science humaine était en défaut sur ce point, et qu'elle devait s'adresser à Dieu pour en obtenir. Au reste, la plupart de ces femmes ne me consultaient que pour la forme; elles se portaient en général fort bien; le but de leur visite était intéressé, je m'en étais douté; j'en fus convaincu lorsque je les vis sortir mécontentes de ce que le blanc ne leur donnait ni ambre ni verroterie.

Pendant que j'étais occupé à répondre aux questions dont on m'accablait, un malade fort riche me fit prier de passer chez lui. D'abord, je traversai plusieurs rues bordées de haies vives qui formaient un berceau impénétrable aux rayons du soleil. Des papaïers, des orangers, des bananiers ombrageaient le chemin que nous suivions. De jeunes filles que je rencontrai se voilèrent la tête, et me présentèrent avec timidité, les unes des bananes, les autres du lait. Je ne savais si je rêvais; ces dons, la beauté du site, le respect que les habitans me témoignaient, me firent croire, pendant quelque temps, que tout ce que je voyais était une illusion que mon imagination seule avait créée. Comment supposer, en effet que dans un village de l'intérieur de l'Afrique je rencontrerais tant d'urbanité et de politesse!

Arrivé chez le malade qui m'avait fait appeler, je pris l'air tranchant qui convient à un docteur ; on étendit une natte à terre, et on plaça derrière moi une espèce de pupitre en bois pour que je pusse appuyer mon dos. Cet homme souffrait d'une douleur à la hanche ; j'examinai la partie malade, et je prescrivis l'application de sinapismes. C'était cependant un peu au hasard que j'indiquais ce remède ; mais comme le matin j'avais ordonné les bains de pieds pour un autre malade, je pensai que je devais varier les formules, pour paraître plus savant. Hippocrate fut comblé de moins d'éloges, après avoir sauvé Athènes de la peste, que je n'en reçus en cette occasion.

Ma visite fut payée du don d'un morceau de viande boucanée ; j'obtins de plus la permission de visiter la maison, dont l'architecture m'avait paru remarquable pour le pays. Le mur qui soutenait le toit avait neuf pieds de haut ; une galerie, sous laquelle on pouvait se promener à l'abri de la chaleur du jour, faisait le tour du corps de logis; des bambous d'un rouge éclatant supportaient le comble. Le lit, construit avec de la terre pétrie, était orné de sculptures délicates. Des armes étaient suspendues au-dessus. De larges portes en bois d'acajou, quoique simplement façonnées à la hache, offraient une surface extrêmement unie et bien polie.

Ensuite je visitai la mosquée, bâtiment carré, dont le plancher était couvert de belles nattes fabriquées dans le Liban; quatre colonnes en soutenaient le toit; une longue galerie régnait allentour.

A deux heures je me préparai à sortir de Boié, après avoir fait mon présent à Boubakar. Ce chef hospitalier, que j'ai revu depuis à Saint-Louis, me conjura de passer le reste de mes jours avec lui, m'offrant une femme, des esclaves, une maison. « Et ma famille, lui répondis-je,

» qui me l'amènera? » Il sourit, et convint que j'avais raison de ne pas consentir à rester avec lui.

Avant de nous séparer, il me fit servir à dîner, ordonna à ses femmes de venir me saluer ; enfin il me reconduisit jusqu'au-delà des limites de son territoire. Mon départ fut aussi pompeux que celui d'un souverain, car tous les habitans, jusqu'aux femmes et aux enfans, m'accompagnèrent avec leur chef, et, en me quittant, me serrèrent la main avec respect. Nous fûmes bientôt rendus à Courbari : le chef qui nous logea me présenta ses deux fils; la peau de ces malheureux tombait en écailles, par suite de la morsure d'un gros serpent qui est assez commun dans ce pays.

Je partis le 17 avril au lever du soleil, avec l'intrépide Ali, pour les sources de la Falemé; nous dîmes aux habitans de Courbari que nous allions à la chasse. Boukari resta dans le village, prétextant qu'il était trop fatigué pour nous accompagner. Nous traversâmes d'abord un marais où l'eau nous venait jusqu'à la ceinture ; puis, nous jetant dans les bois, nous nous y frayâmes un chemin, au risque d'avoir les mains, les jambes et le visage déchirés par les épines. Malgré les vives douleurs que la fièvre me faisait éprouver, je marchais avec une ardeur et une force dont je ne me sentais plus capable depuis longtemps. Plus d'une fois nous nous vîmes exposés à être découverts; des bergers et des gens qui passaient sur la route de Timbo nous demandèrent où nous allions : la manière adroite dont Ali répondait à ces questions satisfit ceux qui nous les adressaient, et, sans éveiller leurs soupçons, nous pûmes continuer notre route. Après avoir marché pendant une heure au nord-nord-ouest, nous arrivâmes à la source de la Falemé, nommée Théné par les Poules. Sans guide, il m'eût été impossible de la découvrir, car dans ce moment elle était très-basse; elle se trouve, comme celles de la Gambie et du Rio-Grande, dans un terrain en entonnoir, entre des montagnes. La Falemé sort du pied d'un petit tertre situé à l'ouest, dans un terrain découvert; elle coule au sud, et entre, à très-peu de distance, dans un bois extrêmement touffu; à neuf cents pas plus bas, elle reçoit la rivière de Boié; alors, décrivant une courbe, elle se dirige au nord pour entrer dans le Dentilia. On voit, à deux portées de fusil, à l'ouest de la source, le village de Kébali, et au sud-ouest celui de Tiambouria. Les montagnes qui ceignent l'entonnoir d'où elle sort renferment des mines de fer; les villages voisins font un grand commerce de ce métal. Quelques-unes de ces montagnes, semblables à celles qui avoisinent la Gambie, sont pelées, et composées de rochers ferrugineux; leurs sommets offrent de même des cendres dans leurs cavités : des bouquets de bois s'y montrent de distance en distance.

En retournant à Courbari, nous traversâmes la Falemé sur un tronc d'arbre qui servait de pont; les habitans qui nous virent revenir sans avoir tué une seule pièce de gibier, m'accusèrent de maladresse, et prétendirent que les Européens savaient fabriquer les armes à feu, mais n'entendaient rien à s'en servir. Il fallait supporter cette plaisanterie de bonne grâce, afin de ne pas les mettre de mauvaise humeur, ce qui eût pu me nuire, et leur inspirer l'envie de m'épier; ainsi je les laissai rire à mes dépens, me félicitant d'avoir heureusement achevé une partie de mon entreprise. Il me restait encore à voir les sources du Sénégal; Ali, que les dangers n'effrayaient pas plus qu'auparavant, me promit de m'y mener; je me fiai à sa parole, car au courage il joignait de la présence d'esprit et beaucoup de finesse.

Mon hôte de Courbari ne voulut recevoir aucun des présens que je lui offris; il me supplia, pour prix des services qu'il m'avait rendus, de lui composer un grisgris en bonne forme, qui lui donnât le moyen d'acquérir de grandes richesses sans travailler. Je traçai sur un morceau de papier des cercles, des croix et des triangles, qui lui parurent doués d'une telle efficacité, qu'il me fit présent de deux mesures de riz. Cependant, malgré le respect que mes talens à composer des talismans inspiraient à tous les habitans, ils disaient hautement : « Le blanc sait lire, il sait écrire, » mais il ne sait pas prier. »

Je venais de procurer à mon hôte les moyens d'acquérir des trésors, lorsque Boukari m'apporta une bonne provision de tabac qu'on lui avait donnée en récompense de ce qu'il avait prédit l'avenir. Profitant, sans le demander, de la crédulité de ces nègres, nous trouvions les moyens de subvenir à nos besoins : toutefois il n'est pas de bonheur sans mélange. Un enfant vint nous annoncer que le chef de Boié devait, d'un instant à l'autre, arriver à Courbari : craignant d'entrer dans des explications avec lui au sujet de la Falemé, je décampai aussitôt avec Ali et Boukari. Nous traversâmes cette rivière à une lieue de sa source : elle avait près de quatre-vingts pas de largeur dans cet endroit, et coulait sur un fond de sable et de cailloux ; nous passâmes ensuite deux autres rivières qui coulent de l'est à l'ouest, et, après des fatigues infinies, nous arrivâmes à Niogo, village dominé par une montagne très-élevée, nommée Couro. Les rues de ce village sont formées par des allées couvertes ; chaque case est entourée d'une cour fermée par une haie d'euphorbes, et dans laquelle on entre par une case de forme carrée et assez grande ; la porte en est aussi haute que les nôtres; quelques-unes sont ornées de sculptures, qui ne manquent pas de goût ; il faut ensuite traverser la cour pour arriver à la case où l'on demeure.

Les habitans de Niogo sont rigides mahométans, de sorte qu'au coucher du soleil, une femme m'ayant présenté de l'eau pour faire mes ablutions, elle fut si étonnée de mon refus de m'en servir, qu'elle courut dans tout le village en criant que j'étais un païen, et que je ne priais pas : comme cette femme était depuis long-temps passablement décriée, ses clameurs n'eurent pas l'effet dangereux qu'elles auraient pu produire.

Nous continuâmes le 19 à nous diriger au sud, et nous traversâmes un pays plus plat que celui où nous étions la veille L'homme n'aurait qu'à y semer pour se procurer d'abondantes récoltes. A quelques pas de la route, à gauche, était la source du Gangoré, qui coule à l'est; quelques instans après, nous en trâmes dans Poukou : je crus que ce village serait le terme de mon expédition. Voyageant presque toujours à pied, depuis deux mois, sous un soleil brûlant; forcé depuis quelques jours de gravir et de descendre des montagnes escarpées, n'ayant pour toute nourriture que du riz cuit dans l'eau avec des pistaches, et pour toute boisson que de l'eau; pour lit que la terre ou une peau de bœuf encore plus dure, la fatigue commençait à me devenir insupportable.

Ce fut à Poukou que, pour la première fois, je vis un parasite africain; cette rencontre n'était pas étonnante, puisque nous approchions de la capitale. Cet homme, nommé Alpha, vint prendre sa part de notre dîner sans y être invité; j'en fus d'autant plus surpris, que les Africains sont d'une discrétion remarquable sur ce point. Quant à mes compagnons de voyage, ils ne pouvaient revenir de l'audace de ce convive; mais les méchantes langues ayant en Afrique, comme en Europe, la triste prérogative d'inspirer la crainte, tout le monde redoutait Alpha, qui était de la caste des diavando dont j'ai parlé plus haut. Je n'eus pas besoin de réfléchir beaucoup pour sentir qu'en ma qualité d'étranger et de blanc, je devais chercher à capter un homme dont les discours pouvaient me nuire ou m'être utiles; je lui fis donc présent d'un collier de verroterie, qui m'attira les éloges les plus ampoulés.

Pressés d'arriver à Timbo, nous partîmes le 20 avant le lever du soleil. La route traversa d'abord de hautes montagnes escarpées: nous marchions le long de précipices profonds. Descendus de ces hauteurs dans une belle vallée verdoyante arrosée par un ruisseau limpide, nous aperçûmes des maisons de campagne appartenant aux gens riches de Poukou. Presque tous les Poules qui en ont les moyens en construisent dans les lieux où ils sont sûrs de trouver d'abondans pâturages pour leurs troupeaux. Notre hôte de la veille, que nous rencontrâmes en ce lieu, m'invita à laisser paître librement mon âne dans ses prés, et à nous reposer sous un arbre touffu, où il nous fit servir du lait et du riz. Ce lieu était si agréable, que nous y restâmes jusqu'à dix heures : ensuite nous nous remîmes en route ; et, après avoir passé la Sama, qui se jette dans le Sénégal, nous vîmes Timbo, situé au pied d'une haute montagne. Comme nous étions encore loin de cette grande ville, nous nous reposâmes sous un téli, où tous les voyageurs s'arrêtent. Cet arbre, le seul de cette espèce que j'aie vu, n'est pas très-haut, ni d'une grosseur proportionnée à la longueur de ses branches, qui s'étendent à la distance de cent vingt pieds du tronc, et forment un vaste ombrage circulaire, bien précieux dans ces pays, où la chaleur est excessive; les branches ont, par leur poids, déraciné cet arbre d'un côté, et en touchant la terre, y ont pris racine, ce qui a formé de nouveaux arbres.

Voulant entrer à Timbo avant la nuit, nous nous remîmes bientôt en route. Ali, qui se proposait de nous faire loger chez le frère de l'almamy, entra dans sa maison de campagne pour lui parler; mais ce prince était allé conduire ses troupeaux dans des pâturages éloignés. Après avoir traversé une plaine immense parsemée de pierres ferrugineuses, nous entrâmes à Timbo par une avenue de bananiers. La pluie nous surprit au moment où nous attendions que les habitans, assemblés dans la mosquée, eussent fini de lire les lettres que l'almamy leur avait écrites de son armée de Sangarary.

Abdoulai, simple marabout, qui gouvernait la capitale pendant l'absence du roi, donna, à la sortie du conseil, l'ordre à un tisserand, esclave de l'almamy, de nous loger. Ce vieillard refusa d'abord de nous recevoir à cause de la grande disette qui régnait à Timbo; ensuite il consentit pourtant à nous donner asile, fort heureusement pour nous, car il plut à torrens; c'était le prélude de la saison pluvieuse.

On vint, le 21, dès le matin, nous annoncer que nous ne pourrions partir de Timbo qu'après le retour de l'almamy, qui ne devait avoir lieu que dans vingt-cinq jours; c'était un ordre de rester six mois dans cette capitale; car, durant la saison des pluies, il est presque impossible de voyager dans un pays où les ruisseaux deviennent de larges rivières.

Depuis long-temps je m'étais résigné à la patience; ce nouveau contre-temps ne m'irrita donc pas. Cependant j'allai

VUE DE TIMBO.

aussitôt avec Boukari chez Abdoulai, que nous trouvâmes occupé à tenir, avec des marabouts, une conférence littéraire. Un marabout lisait à haute voix. Des jeunes gens suivaient attentivement sur leurs livres, et Abdoulai, qui était aveugle, expliquait les passages difficiles. La discussion s'entamait après sur le sens de divers passages du livre, qui était l'histoire de Mahomet. Ensuite un des jeunes gens prit le livre, et lut tout haut; les autres, dirigés par un marabout, corrigeaient les fautes qui s'étaient glissées dans les copies de l'ouvrage qu'ils tenaient entre les mains. Le silence le plus profond régnait parmi cette jeunesse, qui paraissait vraiment studieuse. Boukari, mon marabout, eut occasion de montrer ses profondes connaissances dans la langue arabe, car on lui adressa diverses questions, auxquelles il répondit d'une manière qui surprit tous les auditeurs. La classe se tenait dans la case

d'Abdoulai ; c'était celle d'un savant. Un lit avec une natte, une outre remplie de livres, une cruche pleine d'eau, deux ou trois pots pour les ablutions, en composaient l'ameublement. La leçon terminée, Abdoulai nous fit passer dans la salle d'audience, et me demanda le sujet de mon voyage. « Je suis venu, lui ré-
» pondis-je, pour saluer votre puissant
» roi, et lui offrir mon fusil en présent.
» Le gouverneur de Saint-Louis, ayant
» appris que votre commerce languissait
» dans les escales du Rio-Nunez, m'a
» donné l'ordre de venir vers l'almamy
» pour le prier d'engager ses sujets à
» donner plus d'activité à leurs relations
» avec notre colonie, où toutes les mar-
» chandises abondent ; en allant jusqu'à
» Galam, deux mois suffisent pour se
» rendre par le fleuve à Saint-Louis. En
» me chargeant de cette mission, ajou-
» tai-je, je me suis proposé de te donner
» deux mains de papier. » Je réservai,

comme on voit, la partie la plus éloquente de mon discours pour la péroraison. Abdoulai approuva le but de mon voyage, m'assura que jamais présent si magnifique que le mien n'avait été offert à l'almamy, et que les habitans du Fouta Diallon s'empresseraient d'aller à Saint-Louis, ce qui ne manqua pas d'arriver. Déterminés par l'assurance que j'avais donnée par écrit que les habitans du Fouta Diallon seraient protégés au Sénégal, plusieurs d'entre eux s'y rendirent pour vendre de l'or, après un voyage qui avait duré six mois. Parmi ces marchands, je reconnus Boubakar, chef de Boié, que je présentai à M. de Fleuriau; ce gouverneur lui fit un présent dont la valeur, quoique modique, parut si grande à ses yeux, qu'il jura d'engager à son retour dans le Fouta Diallon, ses compatriotes à venir à Saint-Louis.

Lorsque je dis à Abdoulai que je desirais partir le lendemain, il me répondit que j'en étais le maître, et qu'il me remettrait une lettre pour le gouverneur de Saint-Louis; après quoi il nous congédia, et nous fit traverser un fort dont les murs en terre pouvaient avoir vingt pieds de hauteur sur cinq d'épaisseur; on était alors occupé à le démolir.

J'avais donné mon fusil, parce que je craignais qu'on ne me l'enlevât; les nègres mêmes qui passent par Timbo étant obligés de faire de riches présens. Cependant le mien ne fut pas suffisant; on en exigea un autre pour un certain Alibiluma, dont l'autorité est presque égale à celle du roi; j'offris dix grains d'ambre pour ce personnage; on les refusa; j'en donnai vingt, qui nous firent obtenir enfin la permission de partir. Le 22 à midi Abdoulai me fit présent, au nom de ses concitoyens, de deux sacs de riz, et lorsque nous fûmes prêts à sortir de la ville, il me fit venir chez lui, et me dit qu'il me laissait le maître de partir ou de rester, mais que, si je demeurais, on me donnerait deux bœufs et une grande mesure de beurre. « Je pars, » lui répondis-je. » A ces mots il me remit une lettre écrite en arabe, et dont voici la traduction :

« Nous, faibles créatures, rendons » mille actions de grâces au Tout-Puis-» sant. Les anciens de Timbo, au nom » du puissant maître de notre ville, avons » écrit cette lettre au chef du Sénégal. » Gaspard et Diai Boukari nous ont fait » connaître ce gouverneur par leurs ré-» cits; ils nous ont apporté de sa part un » présent pour le roi de Timbo, et ont » engagé les hommes du Fouta Diallon » et de Timbo à venir à Saint-Louis » pour y vendre leurs marchandises; ils » n'ont pas rencontré l'almamy de Tim-» bo, qui était parti pour la guerre. Gas-» pard et Diai Boukari ont dit aux an-» ciens de Timbo : Nous sommes venus

» pour voir l'almamy, et lui faire un pré-
» sent; mais, puisqu'il est absent, nous
» allons retourner dans nos foyers.

» Attendez un peu, leur ont dit les an-
» ciens de Timbo, jusqu'au retour de l'al-
» mamy; mais ils ont répondu: Nous crai-
» gnons la saison des pluies. Les pluies
» ne sont pas à redouter pour vous, avons-
» nous repris; mais Gaspard s'est écrié:
» Nous avons à craindre le chef de Saint-
» Louis, qui nous a ordonné de ne sé-
» journer que trois jours à Timbo. Per-
» suadés que c'était la vérité, nous, Ab-
» doul et nous Talatou (frère de l'alma-
» my), nous ne nous sommes pas oppo-
» sés à leur départ; nous nous sommes
» déclarés leurs défenseurs jusqu'à ce
» qu'ils soient de retour auprès de leur
» chef; car c'est la volonté de notre maî-
» tre qu'ils se rendent chez eux avec sé-
» curité.

» Grâces à Dieu, si leur voyage est
» terminé sans accident. »

Dès que les habitans qui nous reconduisaient nous eurent quittés, Ali me félicita sur le succès de mon voyage : Car, me dit-il, si l'almamy s'était trouvé à Timbo, on ne vous eût pas même laissé votre chapeau; et quant à moi, pour vous avoir conduit jusqu'ici, on m'eût tranché la tête : quand l'almamy apprendra que vous êtes parti, il sera furieux que sa proie lui ait ainsi échappé.

Nous passâmes la nuit dans la maison de campagne du fils d'Abdoulai. Notre hôte m'offrit du sucre (1) dans une soucoupe de faïence, et des pains de riz dans une assiette, et il fit étendre à terre, pour mon lit, une grande natte du Liban, qui le disputait aux plus belles étoffes pour la richesse du dessin. L'orgueil de ce noir fut pleinement satisfait, en me montrant qu'il connaissait notre manière de vivre,

---

(1) Les Poules vont l'acheter à Sierra-Leone, ou sur le Rio-Nunez.

et qu'il possédait nos ustensiles, tandis que j'étais obligé, comme le plus pauvre des nègres, de me servir d'une calebasse.

Timbo est situé au pied d'une haute montagne. Si l'on calculait le nombre des habitans des villes d'Afrique d'après l'étendue de terrain qu'elles occupent, on le regarderait toujours comme très-considérable. Mais si l'on considère la petitesse des cases, on ne doit estimer la population d'une ville aussi grande que Nantes, qu'égale à celle de Calais. Ainsi Timbo peut contenir neuf mille âmes. Il y a une grande mosquée et trois forts, dans l'un desquels se trouve le palais de l'almamy; ce sont cinq grandes cases très-régulièrement bâties. Les fortifications sont en terre, et tombent en ruine; en plusieurs endroits on y a percé des meurtrières. Toutes les cases sont construites intérieurement avec goût; et les cours sont plantées de papaïers et de bananiers. Mais les rues, mal alignées, sont en outre extrêmement étroites, et chaque carrefour forme un cloaque d'immondices.

Timbo doit être une ville fort ancienne; tout le pays qui l'avoisine porte le même nom. C'est de là que sont sortis les maîtres actuels du Fouta Diallon; car les contrées comprises sous cette dénomination ne sont que soumises, et non sujettes. Timbo est le séjour du roi et de l'armée. On me dit que l'on y voyait jusqu'à mille chevaux. Les habitans passent pour être riches. En effet, leurs femmes ont des manilles en argent, de larges boucles d'oreilles en or, et sont vêtues en pagnes de Guinée bleus, ce qui est l'indice d'un grand luxe chez les Africaines. Timbo est une ville de guerre, et par conséquent peu commerçante. Les armes et les contributions l'ont enrichie; elle jouit cependant du privilége de faire seule le commerce à Kissin-Kissin, Kissin et

Bengala, tandis que Labbé (1), grande ville de l'empire, traite à Kakandé et Dianfou (2).

Quand je fus à Timbo, il n'y restait que les vieillards, les enfans, les gens estropiés ou infirmes, et un petit nombre de femmes; il m'est donc impossible de donner, à moins de les imaginer, d'autres détails sur cette capitale. Au reste, les villes d'Afrique diffèrent entre elles seulement par le nombre des habitans; elles présentent toutes le même genre de construction. Ainsi Timbo l'emporte sur les autres villages uniquement par son étendue. Qu'on se représente des milliers de nos meules de blé disposées sans symétrie, et l'on aura une idée exacte de la principale ville du Fouta Diallon. J'ajouterai qu'en général il faut se défier des descriptions pom-

---

(1) Il y a marché dans cette ville tous les vendredis.
(2) **Autres comptoirs sur le Rio-Nunez.**

peuses que l'on donne quelquefois des palais des nègres, de leurs cérémonies publiques, et des vêtemens de leurs princes; car elles peuvent faire supposer, ce qui est fort loin d'être vrai, qu'il existe dans l'Afrique occidentale des cours dont les richesses égalent celles qui formaient le trésor du Mogol. Tous les brocarts d'or dont on se plaît à décorer les nègres ne sont que de vieux morceaux de drap écarlate couverts de taches, et déchirés en vingt endroits différens. Un vêtement large, en étoffe de coton bleue ou blanche, est le costume d'un riche Africain, à Timbo comme dans toutes les contrées que j'ai traversées. Quand il y joint des sandales de maroquin rouge, deux ou trois bagues d'argent, un bonnet de drap écarlate, plusieurs douzaines de grisgris renfermés dans des étuis de cuir maroquiné; quand enfin il possède un fusil, un cheval, plusieurs cases en paille, quelques esclaves et quatre épouses dont les oreilles et le cou sont ornés de bijoux d'or pour une valeur de 300 fr., c'est alors un personnage, et le plus souvent un prince du sang royal.

Je n'ai éprouvé aucun mauvais traitement de la part des habitans de Timbo; c'est le seul éloge que je puisse en faire; l'habitude qu'ils ont de voir des étrangers doit en être la cause; ils entretiennent des relations très-fréquentes avec le Rio-Nunez et Sierra-Leone.

Le femmes de Timbo, comme celles de toutes les grandes villes, sont très-hardies; sans cesse elles importunent les étrangers de leurs demandes, ou bien les tourmentent par leurs plaisanteries. J'ai déjà dit que la femme d'Ali de Niébel était de Timbo. Le portrait que j'en ai tracé convient à ses compatriotes.

Des vieillards m'ont parlé d'un Anglais qui, après avoir quitté l'établissement de sa nation à Sierra-Leone, vint demeurer à Timbo, s'y maria, et eut un fils. Il s'ennuya probablement de ce genre de vie, et s'enfuit laissant sa famille. Après lui, son fils se fit mahométan; il existe dans les environs de Timbo.

On a également conservé le souvenir du voyage que firent dans cette ville Wat et Winterbottom; on les y retint quatorze jours; ensuite on les obligea de retourner à Sierra-Leone, les Poules ne les voulant pas laisser pénétrer plus loin à l'est dans l'intérieur du pays.

CHAPITRE IX.

Ali refuse de conduire l'Auteur à la source du Sénégal.—Il change d'avis.—Détails sur cette source.—Retour à Niogo.—Témoignages d'amitié du chef de Lalia.—Ali quitte l'Auteur.—Retour à Bandéia.—Protestations de Boubou.—Comment il a défendu l'Auteur.—Commencement de la saison pluvieuse.—L'Auteur tombe malade.—Boubou lui refuse l'eau et le feu.—Il cherche à le faire périr par le poison.

Le plaisir que nous éprouvions d'avoir échappé si facilement aux dangers que nous aurions courus si l'almamy avait été de retour, nous fit tellement doubler le pas pour retourner à Bandéia, que nous arrivâmes à Poukou le 23 avril de très-bonne heure.

Bientôt on amena une jeune fille albinos, pour examiner l'effet que sa vue produirait sur moi; elle n'avait ni sourcils ni cils; sa couleur était d'un blanc de craie; ses yeux supportaient avec peine les rayons du soleil; ses cheveux, ses traits ressemblaient à ceux du nègre; elle marchait lentement. Tout son extérieur annonçait un être débile et souffrant; aussi je fus fort surpris d'apprendre que les nègres épousaient ces femmes, et qu'elles n'étaient pas stériles. On m'assura que, mariées à des hommes de leur couleur, les enfans qui provenaient de cette union étaient également blancs. La vue de l'enfant qu'on me présentait, excita chez moi un mouvement de pitié, que les spectateurs prirent pour un sentiment d'horreur. « Si tu vois avec » dégoût les êtres qui sont de la même » race que toi, me dit un de ces nègres, » ne t'étonne donc plus que ta couleur » nous déplaise aussi. » J'étais depuis long-temps accoutumé à de semblables complimens, celui-ci ne m'irrita pas.

Quand la foule que ce spectacle avait attirée se fut éloignée, je fis souvenir Ali de sa promesse de me conduire aux sources du Sénégal. A mon déplaisir extrême, je ne trouvai plus en lui ce caractère courageux et décidé qui lui avait précédemment fait affronter le danger. « Pourquoi, me dit-il, veux-tu donc vi- » siter les sources de tous les fleuves de » nos pays? n'en avez-vous donc pas chez » vous? — Non, lui répondis-je, nous » n'avons que des puits ou des mares » presque desséchées, et tous les Euro- » péens desirent ardemment de voir un » phénomène aussi extraordinaire que ce- » lui de la source d'une grande rivière. » Ces motifs ne satisfirent pas Ali, qui refusait constamment de me conduire aux sources que je n'avais pas encore vues. J'eus beau employer tous les raisonnemens imaginables, je ne pus venir à bout de le ramener à mon sentiment; il fallait, pour le toucher, des argumens d'un autre genre; en un mot, un présent. Ennuyé d'une discussion qui se prolongea pendant toute la nuit, je laissai Boukari se servir des ressources de sa logique pour déterminer Ali à nous suivre; ce fidèle serviteur eut plus de succès que moi, parce qu'il sut deviner qu'Ali ne résisterait pas à un cadeau. S'apercevant qu'il avait envie d'un chapelet en bois d'ébène fabriqué par les Maures, qu'il portait à sa ceinture, il le lui offrit; le don de ce bijou nous conserva notre guide. Cette action de Boukari prouvait d'une manière éclatante, s'il en eût été besoin, son bon cœur et sa générosité pour moi; car le chapelet dont il se défesait pour me rendre service, lui avait été donné par sa femme à l'instant où il partait.

Nous nous mîmes en route le 24, alléguant pour motif de notre départ que nous allions à Sumbalako acheter du sel pour notre provision. Un orage qui nous surprit en route nous força de nous arrêter au rumbdé de ce nom, et d'y coucher.

Les pluies n'avaient pas, jusqu'à ce moment, été aussi fréquentes et aussi abondantes qu'elles le sont ordinairement à cette époque de l'année. Ali s'en étonnait beaucoup, mais il expliquait ce phénomène d'après la physique des nègres, en disant que l'almamy en était la cause, parce qu'il avait prié le ciel de retarder les pluies jusqu'à ce qu'il eût entièrement détruit les païens, auxquels il faisait alors la guerre.

Notre route se dirigea le 25 droit à l'ouest. Nous traversions une longue plaine très-fertile, qui était la quatrième que j'eusse vue depuis que je voyageais dans le Fouta Diallon, lorsque j'aperçus, près du chemin, trois colonnes sur une ligne à égale distance l'une de l'autre.

Croyant que c'était un ouvrage des hommes, je m'en approchai avec une vive curiosité; mais quel fut mon étonnement en acquérant par mes propres yeux la preuve que c'était le produit du travail des fourmis appelées termites! Au sortir de la plaine, nous laissâmes Sumbalako sur notre gauche, et nous arrivâmes sur les bords du Sénégal. Ce fleuve, quoique près de sa source, était large; nous le passâmes à gué sur une bande de rochers qui traversent son lit; par malheur, mon âne glissa, et tomba dans un endroit assez profond; craignant qu'il ne s'y rompît les jambes, j'enlevai mes outres de dessus son dos, et je les portai à la rive opposée; alors je pus aisément, avec mes deux compagnons, tirer le pauvre animal du milieu des rochers, où son pied était engagé. Ce contre-temps nous arrivait dans l'endroit même où nous avions remarqué des traces encore fraîches d'hippopotames. Nous allâmes coucher à Dalaba, village habité par des Mandingues venus du Kankan. Je pus juger en cet endroit de l'industrie des habitans de ce pays; car, ayant, entre autres, reçu la visite des forgerons et des cordonniers du lieu, chaque objet de mon bagage fixa l'attention de ces artisans. Le cordonnier surtout examina soigneusement ma chaussure; malgré l'embarras qu'il éprouvait pour en découvrir la couture, il prétendait qu'il était capable d'en faire de semblables beaucoup plus habilement; le forgeron assura de son côté qu'il pouvait fabriquer des bois de fusils avec autant d'art que les nôtres. La présomption de ce nègre était si forte, qu'elle méritait une leçon; je lui demandai donc s'il avait fait lui-même la batterie et le canon de son fusil? « Non, me répondit-» il avec dépit, » et à l'instant il sortit de ma case.

Ali nous avait donné sa parole de nous conduire aux sources du Sénégal;

mais l'obligation de tenir sa parole lui causait une terreur extrême ; il en perdait l'appétit ; depuis trois jours il ne mangeait pas. Chaque instant il s'imaginait voir arriver de Timbo un messager porteur d'un ordre de nous faire arrêter ; ses craintes n'étaient pas déraisonnables ; car, je l'avoue, je suis surpris que les habitans de ce pays aient si facilement laissé échapper un homme qu'il était si aisé de piller impunément. La sûreté dont je ne cessai pas de jouir prouve que la foi des sermens est gardée religieusement par les nègres ; cependant Ali, malgré ses frayeurs, recueillait sans relâche les renseignemens qui nous étaient nécessaires pour reconnaître les sources du Sénégal.

26 avril. — Conformément aux instructions que nous avaient données les habitans de Dalaba, nous avons marché au nord ; après avoir traversé une plaine fertile arrosée par le Sénégal, nous avons passé ce fleuve, dont les eaux peu profondes coulaient sur un lit de sable et de cailloux; ensuite nous avons commencé à gravir une montagne très-escarpée. Nous étions encore loin de son sommet, lorsque Ali, s'arrêtant tout-à-coup, nous montra, sur notre gauche, à peu de distance de la route, un bouquet d'arbres touffus qui cachaient la source à nos yeux. Je me laissai glisser avec Boukari le long de la montagne; je parvins dans ce bois épais où les rayons du soleil n'avaient jamais pénétré, et je traversai le Sénégal, dont la largeur pouvait être de quatre pieds; en le remontant, j'aperçus l'un au-dessus de l'autre deux bassins d'où l'eau sortait en bouillonnant, et plus haut, un troisième qui n'était qu'humide, de même que la rigole qui aboutissait au bassin placé immédiatement au-dessous. C'est ce bassin supérieur que les nègres regardent comme la source principale du fleuve. Ces trois sources sont situées vers le milieu du flanc de la montagne. Pendant la saison des pluies, deux grandes mares, qui se trouvent à égale distance au-dessus de la source supérieure, lui apportent le tribut de leurs eaux par deux rigoles profondes. Sur le revers de la montagne on voit un village nommé Tonkan.

Le Sénégal (1), appelé Baléo (fleuve noir) en langage poule; Bafing, qui a la même signification en mandingue, ou Foura, qui veut dire simplement le fleuve, coule d'abord du nord au sud, passe à peu de distance au sud de Timbo, se dirige ensuite au nord-est, puis enfin à l'ouest. Je gravai sur l'écorce d'un des arbres voisins de la source la date de l'année dans laquelle j'avais fait cette découverte.

Ayant rejoint Ali, qui, pendant notre

---

(1) Sur la carte de Livio Sanuto, le Sénégal s'appelle *Zambala*, qui ressemble beaucoup à *Baleo*, et *Maye*, qui veut dire en poule *eau*. (**W**alkenaer, *Recherches sur l'Afrique.*)

excursion, avait soigneusement regardé de tous côtés pour nous avertir dans le cas où il apercevrait quelqu'un, nous continuâmes à gravir la montagne jusqu'à **Poré Daka**, où je fus logé dans l'atelier d'un forgeron.

Les lieux que nous avions parcourus en allant à **Timbo** étaient bien changés depuis que les pluies avaient commencé à tomber. Tout le pays plat était inondé. Nous n'avancions qu'avec une peine infinie, étant obligés de porter nos provisions sur nos épaules; nous ne pûmes arriver à **Niogo**, le 27, qu'au coucher du soleil.

Le lendemain nous fûmes long-temps arrêtés au passage de la **Falemé**. Une bande de roches très-étroite formait un gué au travers de cette rivière, très-large dans cet endroit : nous avions de l'eau jusqu'à la ceinture. Je tombai dans un trou assez profond, et je manquai de perdre mes journaux. Accablés par les fatigues que nous avait causées le passage de cette rivière, nous nous reposâmes sous les beaux arbres qui ombragent ses bords. A l'aide de quelques broussailles auxquelles nous mîmes le feu, nous fîmes griller une poignée de pistaches pour réparer nos forces. Arrivés le soir à **Rumbdé-Paravi**, personne ne voulut nous loger, à cause de la peur que notre âne inspirait.

Un incident bizarre retarda notre départ. Le 29, Ali ne voulait pas se mettre en route avant d'avoir retrouvé un papier écrit en arabe, qui lui enseignait la manière de mêler de la soie avec des cheveux des Européens pour obtenir de grandes richesses. Après bien des recherches, il apprit qu'un marabout du village était possesseur d'un papier semblable; il en prit une copie, et consentit alors à partir de Paravi. A peu de distance de cet endroit, nous rencontrâmes, sur la route, le vieillard de Lalia qui m'avait témoigné un si vif attachement, lorsque je passai dans les environs de ce village en allant à Timbo. Ce vieux nègre vint à moi, me serra entre ses bras, me baisa les cheveux, porta ma main à son front, témoigna une joie si vive de me revoir, que je commençai à douter de sa sincérité; cependant il nous conduisit à Lalia, me céda sa propre case, dont le lit en terre était dans une espèce d'alcove, et me combla de nouveau de grandes marques d'amitié. Il me croyait en proie à quelque chagrin bien cuisant, pour avoir ainsi quitté ma patrie, et il attribuait à la peur d'être vendu par mon roi, ou à la perfidie de ma maîtresse, l'idée de voyager dans leurs pays arides. Mais tandis que mon hôte me prodiguait mille témoignages d'attachement, qu'il m'assurait que tous ses biens étaient à moi, mes compagnons de voyage, impatientés de voir l'heure du souper se passer sans que rien parût qui l'annonçât, allèrent, en hommes prudens, chercher dans le village les moyens de ne pas se coucher à jeun. Dès qu'ils furent partis, mon hôte, qui fit alors connaître son avarice, m'apporta une petite mesure de maïs et de lait, et m'invita à manger; puis il me pria de ne pas oublier sa femme. Trop heureux d'avoir à souper, je payai largement mon mince écot, et j'allai raconter à mes compagnons ce qui s'était passé chez le vieillard après qu'ils en étaient sortis. Irrités de ce qu'il les avait traités de la sorte, et de la manière intéressée dont il s'était conduit envers moi, ils m'engagèrent à sortir de sa case dès le lendemain matin.

Un événement bien autrement fâcheux m'arriva le 30; Ali me quitta. Boukari l'avait accusé d'aller dire aux habitans des villages où nous passions que j'avais beaucoup de marchandises, et de les engager par-là à me faire payer très-cher les provisions qu'ils me vendaient. Ali, piqué de ces propos, déclara qu'il ne voulait plus m'accompagner. Ce nègre m'était sans doute très-utile; mais j'étais attaché à Boukari par la reconnaissance que m'avait inspirée le zèle qu'il avait toujours témoigné pour mon service. Je cherchai à rétablir la concorde entre ces deux hommes qui m'étaient si utiles. Mes efforts furent superflus, Boukari ayant mis le comble au mécontentement d'Ali en lui disant qu'il n'était qu'un païen, puisqu'il s'irritait si facilement.

Il fallut donc partir sans ce guide fidèle, à qui je devais la connaissance des sources des quatre principales rivières de cette partie de l'Afrique; sa perte me chagrina beaucoup, et je ne tardai pas à m'apercevoir de son absence; car, à peu de distance de Lalia, nous ne pouvions plus reconnaître la trace du chemin : nous fûmes heureusement joints par des marchands poules qui allaient au marché de Labbé; remarquant notre embarras, ils nous proposèrent de nous faire accompagner par l'un d'eux pour nous guider, moyennant six charges de poudre ; j'acceptai le marché. Je passai d'abord la Gambie ; un orage qui menaçait nous força de gagner un village qui n'était habité que par de pauvres esclaves ; ils ne purent m'offrir pour mon repas qu'une calebasse pleine d'un ragoût bien peu appétissant pour un Européen ; il est composé de farine de mil dans laquelle on mêle une espèce de mouches appelées *betti ;* ne voulant pas mourir de faim, je passai sur le dégoût que me causait la vue de ce mets. L'effet de la répugnance que j'éprouvai en le mangeant me causa un accès de fièvre.

1.er *mai.* — Assis à l'ombre d'un buisson très-touffu, nous attendions le retour de notre nouveau guide, qui était allé acheter des vivres dans un village voisin, lorsque nous le vîmes revenir accompagné de sa femme, avec laquelle il avait une vive altercation : j'en demandai le sujet, et j'appris qu'elle ne voulait pas que son mari m'accompagnât, soutenant qu'il ferait mieux de rester à cultiver son champ, besogne qui, pendant son absence, serait retombée sur elle. La soumission de cet homme aux ordres de sa femme, malgré le desir qu'il avait de me suivre, me surprit beaucoup. Au reste, cette scène me fit voir que, chez les Poules, les femmes ont plus d'ascendant sur les hommes que dans les autres états nègres. L'épouse de notre guide songea cependant à nous tirer de l'embarras où nous nous trouvions; elle dit à son mari de faire venir deux enfans pour le remplacer jusqu'au village voisin; nouvel embarras; ces petits nègres furent pris de frayeur à la vue de mon âne, qu'ils appelaient *un cheval à longues oreilles*; ils craignaient que cet animal extraordinaire ne les dévorât! Ce ne fut qu'à force d'instances pressantes qu'on put les décider à nous précéder : que serions-nous devenus, s'ils eussent obstinément persisté dans leur refus? Les pluies avaient tellement effacé les traces du chemin dans les montagnes où il passait, que, sans le secours de ces enfans, il nous eût été impossible de le reconnaître; de tous côtés l'eau se précipitait en cascades bruyantes. Nous eûmes une peine infinie à faire avancer notre paisible baudet, qui ne voyait de toute part que des précipices et des torrens; Boukari le poussait fortement par-derrière, et je le tirais par son licou pour le faire passer sur des digues en pierres que j'avais élevées à la hâte. Pendant que nous redoublions ainsi d'efforts pour préserver nos marchandises et leur porteur de tout accident, nos jeunes guides, penchés sur un rocher, riaient aux éclats en nous voyant entraînés dans l'eau par l'animal têtu; chacune de ses chutes leur arrachait des cris de joie; aussitôt qu'il se relevait et qu'il s'élançait sur la rive opposée du torrent, ils s'enfuyaient dans les bois : ils nous ont dit depuis, que leur frayeur, à la vue de ce paisible animal, venait de ce qu'ils avaient jugé de la longueur de ses dents d'après celle de ses oreilles. Les retards que nous causèrent tous ces accidens ne nous permirent d'arriver qu'au coucher du soleil à Niamaia, village habité par des forgerons Dialonkés. Tout aussi peu rassurés que nos jeunes guides à l'aspect du féroce animal qui portait mes marchandises, ils m'enjoignirent de le bien attacher pendant la nuit.

La journée du 2 fut extrêmement fatigante. Les chemins tracés au travers des montagnes étaient devenus presque impraticables; les torrens retardaient sans cesse notre marche; nous ne pûmes arriver à Bandéia qu'à la nuit close. J'allai aussitôt à la case de Boubou, je l'appelai; il sortit à l'instant, et témoigna une joie bien vive de nous revoir. Comme l'on savait que je payais les présens que l'on me faisait, toutes les femmes du village s'empressèrent de m'apporter des provisions. Pendant que nous soupions, Boubou nous apprit qu'Ali était de retour à Bandéia depuis deux jours, et lui avait révélé le secret de ma mission; ensuite il se vanta d'avoir pris chaudement ma défense contre deux nègres venus du Bondou, qui prétendaient que je n'étais allé dans le Fouta Diallon que pour visiter les sources des fleuves. Il avait traité ces nègres d'imposteurs, et leur avait prouvé que l'on ne pouvait imputer un semblable motif à mon voyage, puisque je n'avais pas avec moi les instrumens avec lesquels les blancs regardent le soleil. Cette conversation devait naturellement me causer de vives alarmes. L'indiscrétion d'Ali, les soupçons que les propos des deux nègres du Bondou avaient excités, m'exposaient à chaque instant à être massacré, ou au moins pillé.

Je passai le 3 et le 4 de mai à Bandéia, me proposant d'y demeurer encore quelques jours pour réparer mes forces, et de diriger ensuite ma marche vers le Niger : je me proposais de descendre ce fleuve en pirogue jusqu'à Tombouctou, où je me flattais d'arriver sans beaucoup de difficultés, en me faisant passer pour l'esclave de mon marabout. Le 4, à cinq heures après-midi, un coup de tonnerre épouvantable qui annonça l'arrivée des pluies, me fit pressentir les calamités qui allaient mettre un obstacle insurmontable à l'exécution de mes projets. A ce bruit terrible, tous les habitans sortirent de leurs cases. On aperçut dans l'est comme un brouillard épais qui dérobait la vue des plus hautes montagnes; l'orage s'approchait; la masse d'eau qui s'avançait, poussée par le courant d'air, était prodigieuse, mais elle marchait si lentement, que nous eûmes le temps de quitter notre case et de nous réfugier dans celle de Boubou, qui était plus solidement construite. A peine y étions-nous entrés, que j'eus l'effrayant spectacle d'un déluge; des torrens de pluie tombaient de toutes parts; *la grêle* vint augmenter l'horreur de cette scène : elle faisait pousser, par sa chute, des gémissemens affreux aux bestiaux, qui ne savaient où trouver un asile; en un instant, la terre fut couverte d'eau. On ne peut, dans les climats tempérés, se faire une idée de l'abondance des pluies qui tombent en Afrique, pendant six mois de l'année, dans les pays compris entre les tropiques; ce sont des nappes d'eau qui se précipitent sans interruption. L'humidité qu'elles répandent dans l'air est le plus grand obstacle qui s'oppose aux progrès des Européens dans cette partie du monde, par les maladies qu'elle développe chez eux.

J'étais obligé de séjourner à **Bandéia** pour vendre mon cheval, et pour me procurer un guide : l'ennui que me causa ce retard forcé, joint à l'humidité excessive de ma case, où la pluie pénétrait par les ouvertures du toit, me donna un violent accès de fièvre. J'eus recours au remède dont j'avais éprouvé les effets salutaires ; je pris une forte dose d'infusion de tamarin, mais je m'aperçus avec effroi que ma fièvre augmentait ; alors je songeai à employer le quinquina, dont j'avais eu la précaution d'emporter un petit paquet : que l'on juge de ma douleur lorsque, le cherchant dans une outre où je l'avais mis, je ne le trouvai plus ! je me crus sans ressources. En effet, ma position ne fit que s'aggraver. Le 8 mai, la dyssenterie se déclara : je n'avais d'autre remède à ma disposition et d'autre aliment que du riz et de l'eau ; un semblable régime eut bientôt épuisé mes forces. Le 11, après m'être couché sur une botte de paille dont mon nègre m'avait fait un lit, j'écrivis mes dernières volontés, croyant que dans la nuit je cesserais d'exister. Assis auprès de moi, Boukari soutenait ma tête pour que je pusse écrire ; ce fidèle serviteur versa un torrent de larmes, quand, après lui avoir dit adieu, je remis entre ses mains mes journaux et mes marchandises, pour qu'il les portât à M. de Fleuriau. Je cherchai à calmer les regrets de cet ami constant et désintéressé ; je lui représentai tous les devoirs que lui imposait son attachement pour moi, si je venais à mourir, et surtout le soin qu'il devait prendre alors de ma dépouille en m'enterrant dans le bois voisin, à un endroit que je lui indiquai.

Après avoir réglé mes funérailles, car je craignais que les habitans de Bandéia, par excès de fanatisme, n'exposassent mon corps aux oiseaux ou aux bêtes féroces, je tombai dans une telle défaillance, qu'il me semblait que j'allais m'endormir pour l'éternité ; mais une crise salutaire s'était opérée. Le 12, en me réveillant, j'éprouvai une surprise extrême de me sentir presque soulagé; la fièvre avait disparu, et je crus que le mal était à-peu-près dissipé ; pendant que je me réjouissais d'être si miraculeusement délivré de mes souffrances, j'entendis Boukari pousser de profonds gémissemens, qui lui étaient arrachés par les douleurs d'une violente colique; mais il montrait en même temps une résignation dont peu de personnes seraient capables. Après avoir fait des signes sur des calebasses remplies d'eau froide, il l'avala, et à l'instant le mal le quitta : le magnétisme regardera peut-être cette cure comme un effet de sa puissance.

Le soulagement que j'éprouvais depuis quelques instans me faisait croire que j'avais recouvré la santé ; bientôt je fus tiré de cette illusion en me voyant accablé de tous les maux auxquels un mortel peut être en proie : la dyssenterie, la fièvre, des douleurs violentes dans les dents, des plaies occasionées par les piqûres des chiques (*pulex penetrans*) ne me laissèrent plus un instant de repos. La foule des importuns qui se succédaient à l'envi dans ma case pour être témoins du moment où j'expirerais, me rendait mes souffrances insupportables. En vain, pour me guérir, Boubou m'apporta-t-il un grisgris sur une planchette, m'engageant à laver l'écriture et à boire l'eau qui aurait servi à l'effacer ; je doutais de la puissance du talisman ; je le refusai ; Boukari eut plus de confiance, il avala cette eau, dont il espérait ressentir l'effet salutaire.

Désespérant de pouvoir échapper à une mort qui me paraissait certaine, j'acceptai quelques remèdes que les nègres me proposèrent, et qui ne purent cependant calmer mes douleurs : l'un d'eux m'apporta un énorme pain de riz cuit au soleil, qui devait plutôt m'étouffer qu'opérer ma guérison. Je me rappelai alors les remontrances de Boukari, et comme j'avais conservé toute ma connaissance, je pensai que je devais coopérer à la volonté de la destinée en m'occupant des moyens d'adoucir mes souffrances. Je commençai par faire réparer le chaume du toit de ma case, ce qui me mit à l'abri des pluies.

Mais au moment où je me croyais près d'échapper à mes maux, je courais le plus grand de tous les dangers. Boubou, qui m'avait si bien accueilli, qui me comblait de témoignages d'intérêt, qui semblait ne penser qu'à me procurer du soulagement, songeait à me faire périr; fatigué d'attendre la mort, trop lente à son gré, d'un homme dont il convoitait les richesses, il sortit un jour, et donna l'ordre de me servir une poule dans laquelle il avait fait mettre du poison; l'odeur infecte du bouillon et sa couleur sanguinolente, m'empêchèrent d'en boire plus de deux cuillerées. Bientôt les effets de ce poison, quoique mal préparé, me firent ressentir dans l'estomac des douleurs atroces. Boukari, qui n'avait touché le bouillon que du bout des lèvres, éprouva les mêmes souffrances. Les marques d'attachement que Boubou m'avait prodiguées ne me permettaient pas d'attribuer au poison le mal qui me tourmentait; j'en imputai la cause à la faim. Boukari m'ayant donné du lait pour l'apaiser, je fus à même de juger, par le vomissement qu'il provoqua, quels dangers ma vie avait courus. La femme de Boubou, appelée et interrogée, se disculpa en disant que, par mégarde, elle avait mis cuire la poule dans une chaudière où précédemment elle avait fait bouillir des herbes pour calmer les coliques. Un événement inattendu dévoila l'imposture de cette femme. On

avait jeté la poule dans le chemin ; un esclave qui en mangea une partie fut sur le point de mourir dans la soirée : en apprenant cet accident, il ne fut plus possible de douter que mon hôte n'eût voulu attenter à mes jours : un propos qui lui était échappé et qu'on me rapporta, acheva de me faire connaître l'affreuse vérité; Boubou avait dit à un de ses amis : « Il ne faut pas que je m'éloi-
» gne, car je sais que dans quelques heu-
» res le blanc doit expirer. »

CHAPITRE X.

Boubou tâche de soulever les habitans des villages voisins. — L'Auteur s'échappe. — Il est forcé par Boubou de rentrer dans sa case. — Saadou s'engage avec l'Auteur. — Ils se sauvent à Bourré. — On les laisse cependant partir en leur arrachant des présens.

1.er *Juin.* — Boubou montra enfin à découvert son abominable caractère; s'apercevant que la force de mon tempérament avait résisté à la maladie et au poison, il défendit à ses femmes de me rien donner. Mon fidèle ami Boukari fut obligé lui-même de préparer mes alimens, de laver le peu de linge qui me restait, et d'aller puiser mon eau à une fontaine très-éloignée. Boubou ne borna pas à cette défense les effets de la haine qu'il avait conçue contre moi : rien ne pouvait l'apaiser depuis qu'il avait soupçonné que j'avais favorisé la fuite d'une de ses femmes partie pour le Bondou, dans l'intention d'y chercher un asile contre les vengeances de ses rivales. Il parcourut tout le village, menaçant les habitans de toute sa colère, s'ils me procuraient la moindre des choses que je leur demanderais, et même de l'eau. Comme il était capable de commettre les plus grands crimes, il inspirait une telle terreur, que je me vis à la veille de manquer des premières nécessités de la vie. Une seule femme, nommée Comba, courbée sous le poids des années, méprisa ses menaces, et le chassa de sa case en lui disant qu'elle me fournirait toutes les choses dont j'aurais besoin. Si la Providence ne nous eût, dans notre infortune, envoyé cet ange tutélaire, Boukari et moi nous eussions succombé, épuisés par la faim, la fatigue et la maladie.

Le cruel Boubou voyant ses coupables desseins déjoués par l'humanité de cette vieille femme, qui chaque jour partageait avec nous son modeste repas, entra dans ma case, et me demanda le paiement des soins que sa femme et lui m'avaient prodigués pendant un mois. Il ajoutait qu'étant maître de mon secret, qui lui avait été révélé par Ali, il saurait, en instruisant les habitans de mes projets, me faire repentir de mon ingratitude; il me menaça même de m'égorger à l'instant, si je ne lui donnais pas ce qu'il réclamait. Je fus surpris que, dans ce moment où j'étais étendu par terre sans forces, il ne me plongeât pas son poignard dans le sein, car il n'avait rien à craindre; je crus donc qu'il était encore accessible à la pitié; je lui rappelai les récompenses que je lui avais données à plusieurs époques, l'amitié qu'il m'avait toujours témoignée, et je lui demandai comment il pouvait être assez lâche pour vouloir attenter aux jours d'un homme malade, qui ne lui avait fait que du bien et ne pouvait lui résister. « Lors- » que notre ennemi est à bas, me ré- » pondit-il, c'est alors qu'il faut l'atta- » quer, la victoire est sûre; d'ailleurs, » ajouta-t-il, je ne viens rien te ravir; » je suis armé, tu ne l'es pas, ta vie » m'appartient donc, c'est à toi à la ra- » cheter. » L'air menaçant qu'il avait pris me rendit ma vigueur; recueillant toutes mes forces, je saisis mon fusil que j'avais caché sous ma tunique (car depuis un mois je reposais tout habillé et tout armé), et je couchai Boubou en joue : « Prends, lui dis-je, en lui jetant » trente-cinq grains de corail et quinze » charges de poudre, prends, et sors de » ma case; si jamais tu as la hardiesse » d'y reparaître, c'est en te tuant que je » punirai ton audace ! » Il se retira, mais en jurant que bientôt il tirerait vengeance de la manière dont j'en avais agi avec lui. Craignant qu'il ne se livrât à l'excès de sa fureur, je dormis peu; notre chaumière était au milieu des bois : pendant la nuit j'entendis le bruit que l'on faisait en cherchant à passer auprès de ma tête des fusils à travers la paille des parois de ma case : j'éveillai Boukari, qui dormait profondément; je m'armai de mon fusil; nous renversâmes notre porte, et nous aperçûmes quelques hommes qui prirent la fuite dans les bois.

Boukari voyant les dangers que nous allions courir, puisqu'on cherchait si évidemment à m'arracher la vie, me conjura de quitter ce lieu au plus tôt. Je ne voulus lui donner alors aucune réponse positive, de peur que, confiant mon projet à quelque nègre indiscret, nous ne fussions exposés à être arrêtés. Le lendemain je n'envisageai qu'avec effroi l'horreur de ma position; affaibli par la maladie, seul avec mon guide au milieu des bois, loin de tout chemin frayé, entre les mains d'assassins, la fuite me paraissait impossible; d'ailleurs les habitans du village, certains de me voir succomber, envoyaient autour de ma case leurs enfans, qui me jetaient des pierres, renversaient mon eau, ou enlevaient mes provisions; ils poussèrent un jour ces vexations à un tel excès, que, sortant de ma case, je tirai mon fusil sur ces misérables; le coup ne porta pas, car mes bras manquaient de forces pour soutenir mon arme en équilibre.

Ali, qui semblait m'être sincèrement attaché, puisqu'il venait de temps en temps me vendre en secret les provisions qui pouvaient m'être nécessaires, m'apprit un soir des nouvelles bien propres à exciter toute mon attention : Boubou avait voulu engager les habitans de Timbéré, village voisin, à me donner la mort, pour profiter de mes riches dépouilles;

mais ces braves gens, indignés de voir la manière cruelle dont il m'avait traité, l'avaient ignominieusement chassé de chez eux, et lui avaient reproché son ingratitude, de vouloir assassiner un blanc qui lui avait donné tant de richesses. Boubou, loin de se décourager en reconnaissant l'indignation que sa conduite inspirait, avait fait prévenir le chef de Labbé que j'étais allé visiter les sources : ce dernier se disposait à venir m'interroger à ce sujet.

Le danger était imminent; il fallait fuir, ou se résoudre à périr; mais, quoique je sentisse bien qu'il n'y avait pas un moment à perdre, mon irrésolution sur le parti que j'avais à prendre ne faisait néanmoins qu'augmenter. Je formais mille projets, que combattaient tour-à-tour le desir d'étendre mes découvertes, et la crainte de voir périr avec moi celles que j'avais déjà faites. Mon penchant m'entraînait à choisir la route de l'est, où les pluies et la maladie semblaient pourtant m'ôter tout espoir de pouvoir pénétrer, pendant que la raison me montrait que, si je l'essayais, Boubou ne tarderait pas à le savoir, et à dévoiler le but de mon voyage. D'ailleurs, me disais-je, il lui sera alors aisé de me représenter comme un ennemi de l'almamy, puisqu'au lieu de sortir de ses états pour retourner dans les comptoirs européens, ainsi que j'en ai annoncé l'intention, je passerai sur les terres des Dialonkés, contre lesquels le Fouta Diallon est en guerre. Ces réflexions fixèrent mes incertitudes, et me persuadèrent qu'il était impossible, de toute manière, de réaliser entièrement mes desseins dans des circonstances aussi fâcheuses. Je pensai aussi que, même dans l'intérêt du succès de mon entreprise, je devais aller chercher dans la colonie la plus prochaine les secours qu'exigeait le délabrement de mes forces, me proposant toutefois de recommencer mon voyage aussitôt que je serais rétabli. En conséquence, le 6 juin, je promis à Ali une forte récompense, s'il voulait me conduire dans les établissemens portugais : il y consentit, à condition que je partirais seul avec Boukari, s'engageant à me rejoindre hors du village. Je me fis asseoir sur mon âne, car ma faiblesse m'empêchait de marcher ; elle était même si grande, que mon fidèle Boukari me soutenait pendant que nous cheminions ; je supposais que Boubou était absent et ignorait notre départ.

Le soleil n'était pas levé lorsque nous arrivâmes sur les bords de la rivière de Bandéia, qui était extrêmement grossie par les pluies. Personne ne paraissait ; nous ne savions où trouver le gué pour passer. Ali nous a-t-il trahis? demandai-je avec une vive émotion à Boukari. Quelle fut ma surprise en voyant s'avancer vers nous, au lieu d'Ali, cet Abdoul qui s'était faussement donné pour le chef de Bandéia, comme je l'appris depuis, et l'infâme Boubou, qui nous criait de loin d'arrêter! Boubou nous reprocha d'abord notre fuite précipitée; ensuite il m'accusa d'avoir fait évader une de ses femmes; il m'imputa enfin à crime de ne l'avoir pas averti de mon départ; car son intention, disait-il, était de m'accompagner; et, sans me laisser le temps de lui répondre, il me fit donner l'ordre par Abdoul de reprendre le chemin du village.

Accablé par la maladie, je ne vis d'autre parti à prendre que celui de retourner dans ma case, et d'attendre un moment plus favorable pour m'échapper. Voulant me débarrasser de tout ce qui pourrait retarder ma marche, je fis présent à Abdoul de mon cheval, que sa blessure m'avait rendu inutile; ce ne fut pas sans douleur que je remis ce fidèle compagnon de mes voyages entre les mains de mes assassins, mais je croyais les adoucir par ce don. Un sombre désespoir vint bientôt s'emparer de moi; couché sur quelques bottes de paille auprès d'un foyer (1) dont la fumée m'empêchait de respirer et d'ouvrir les yeux, ne pouvant me procurer qu'avec peine quelques poignées de riz mal cuit, vexé de mille manières par les femmes et les enfans, qui profitaient de l'absence de mon marabout pour me réveiller ou me jeter des pierres, je demandais au ciel de me délivrer d'une vie misérable qui m'était à charge.

Une circonstance assez singulière vint tout-à-coup me tirer de ma profonde affliction; plusieurs femmes entrèrent un jour dans ma case, et m'offrirent des calebasses pleines de lait, en me priant de leur laisser couper quelques mèches de

---

(1) Les nègres entretiennent toujours du feu dans leurs cases, pour les préserver, disent-ils, de la chute du tonnerre et de la visite de l'esprit malin.

mes cheveux pour s'en faire des talismans; je crois que, si je les eusse laissé opérer, elles m'eussent, en une minute, tondu tout ras, tant elles étaient avides de posséder une chevelure aussi précieuse pour elles que l'est celle d'un blanc.

Ali venait me voir assez souvent, mais ce jeune homme n'avait plus ma confiance depuis qu'il m'avait abandonné dans ma fuite; je le croyais pourtant moins coupable que faible; il s'était laissé intimider par les menaces de son frère Abdoul et de Boubou; d'ailleurs il était, depuis plusieurs jours, livré à une mélancolie profonde qui avait un peu égaré sa raison. Son chagrin était occasioné par la perfidie de sa maîtresse; après lui avoir pris tout l'ambre qu'il avait gagné à mon service, elle l'avait abandonné; ce pauvre garçon faisait pitié à voir; il passait des journées entières dans les bois, sans vouloir ni boire ni manger; c'était un désespoir amoureux dont je ne croyais pas le nègres susceptibles. Voyant donc qu'Ali, malgré son attachement pour moi, ne pouvait plus me rendre service, je cherchai à gagner son autre frère Saadou par la promesse de quinze grains d'ambre. Saadou ne fut pas insensible à mes offres; il jura de me servir de guide et de garder le secret.

Le 12 juin, à l'aube du jour, Boukari et Saadou me placèrent sur mon âne, et nous sortîmes de Bandéia en nous dirigeant vers l'ouest; ma joie fut bien vive quand je me vis hors de Bandéia : l'aspect du pays ajoutait, s'il est possible, à la joie que je ressentais. Les pluies avaient rendu aux champs la verdure dont la sécheresse les avait dépouillés; les signes du printemps se manifestaient partout; les troupeaux paissaient dans de gras pâturages qui couvraient les mêmes lieux où je n'avais précédemment rencontré que la désolation; pour la première fois je sentis tout le prix de ma liberté; et, malgré l'état de faiblesse où j'étais réduit, je ne doutai pas que je ne pusse parvenir aux établissemens européens. J'avais cependant beaucoup de peine à me tenir sur mon âne, à qui six semaines de liberté avaient rendu son caractère rétif.

Nous arrivâmes de bonne heure à un hameau composé de quelques cases. Saadou, qui avait des propriétés en ce lieu, me pria d'y faire halte, et de l'attendre pendant qu'il allait régler parmi ses esclaves les travaux à faire aux champs pendant son absence. A peine m'étais-je assis dans une case, que j'aperçus Boubou. Ce traître revenait de Labbé, grand village commerçant, et dont le chef, vassal plutôt que sujet de l'almamy de Timbo, exerce une domination presque souveraine sur une grande étendue de pays; Boubou s'entretenait avec quelques personnes dont la figure m'était inconnue; parmi eux était le frère du chef de Labbé. Des gens de la suite de ce dernier, se disant envoyés par le chef de Labbé, se présentèrent devant moi, et m'ordonnèrent en son nom de ne pas sortir du lieu où je me trouvais. Je ne leur répondis qu'en me préparant à partir; et si un orage n'y eût apporté obstacle, j'eusse mis mon dessein à exécution.

Dès que je fus rentré, Ali vint également, de la part de son frère Abdoul, me défendre de bouger; un instant après, je vis entrer ce dernier, dont le caractère perfide, malgré ses protestations d'amitié, m'était parfaitement connu. Boubou parut aussi, et me dit, au nom d'Abdoul, que je ne pourrais partir à moins de prendre avec moi Ali ou lui-même; à ces mots, regardant Boubou avec fureur, je dis, en m'adressant à Abdoul: « Tu n'as qu'un moyen de m'empêcher » de poursuivre ma route, c'est de me

» mettre les fers aux pieds. Si tu desires » ma mort, prends mon fusil, tue-moi, » je souffrirai moins long-temps. — Je » ne suis pas un assassin, » me répondit Abdoul. Qu'était-il donc, puisque la veille même il m'avait refusé une poignée de riz pour mon souper, lorsque je venais de lui donner mon cheval ? « Si » tu veux mes marchandises, ajoutai-je, » prends-les, elles sont à toi; mais tu ne » pourras jamais t'opposer à mon dé- » part. » Il est bon de dire ici, que, pour mettre mon ambre et mon corail à l'abri des atteintes de cette race de brigands, j'avais eu, pendant la nuit, la précaution de les rouler autour des reins de Boukari. Je parlais avec violence; mon ton ferme, mes menaces, intimidèrent Abdoul; il me pria d'attendre jusqu'au lendemain seulement, ajoutant qu'alors je serais libre.

Aussitôt que ces bandits furent partis, je cherchai à tranquilliser l'esprit de

Saadou, qui, ayant été présent à ma conversation avec son frère, redoutait sa vengeance; j'y parvins si bien, que, dans l'effusion de sa reconnaissance pour la manière avantageuse dont je m'étais exprimé sur son compte, il me découvrit la fourberie de mes ennemis. « Tu
» ignores, me dit-il, qu'Abdoul n'est
» pas le chef de Bandéia; il n'en rem-
» plit que momentanément les fonctions
» pendant l'absence de son frère Mama-
» dou, qui vit presque toujours à la cam-
» pagne; au reste, il fait peser sur sa fa-
» mille le poids d'une autorité qui ne lui
» appartient pas; Boubou, ce scélérat qui
» a voulu te faire périr, et que ses crimes
» ont fait chasser du Bondou, est par-
» venu à s'emparer de toute sa confiance;
» Ali, trop jeune encore pour oser ré-
» sister à leur volonté, en est devenu
» l'esclave; quant à moi et à Boubakar,
» nous nous sommes rangés du parti de
» notre frère Mamadou, dont la faiblesse

» a besoin d'appui. On veut t'attirer à
» Bandéia pour y piller tes marchandi-
» ses; mais, si tu suis mes avis, tu res-
» teras dans cette case comme dans un
» fort où l'hospitalité t'empêchera d'être
» attaqué. » Cette découverte fut d'autant
plus précieuse pour moi, que je m'aperçus qu'il existait deux partis dans cette famille, et qu'il suffirait d'en gagner un pour vaincre toutes les difficultés. En effet, dès le lendemain, Boubou vint me demander si je voulais recevoir Moussa, frère du chef de Labbé; j'y consentis, et après que ce nègre eut congédié sa suite, il entra dans ma case avec Abdoul et Boubou. Je remis entre les mains de Moussa la moitié de ma poudre, seize grains de corail, et quinze grains d'ambre; ce présent me gagna tous les cœurs. On alla dans une autre case tenir un conseil, auquel assista Mamadou. Je vis bientôt que mon procès était gagné, car Boubou et Abdoul s'en allèrent tout honteux, et je

ne les revis plus. On vint m'annoncer que j'étais libre de partir, et de prendre Saadou pour guide. Comme la nuit approchait, je remis mon départ au lendemain matin.

Échappé aux piéges que l'on m'avait tendus, je m'empressai de profiter de la décision qui me rendait la liberté, de peur que l'on ne se repentît de me l'avoir accordée. La précipitation avec laquelle nous marchions m'empêcha d'arrêter mon âne à temps au bord d'un précipice, peu profond, il est vrai; il y tomba, et m'y entraîna; je restai étendu pendant une heure sans pouvoir me relever; j'étais si froissé, que je me traînai avec une peine infinie jusqu'à Bourré, où nous couchâmes.

Il fallait avoir à fuir des assassins pour ne pas perdre le courage et continuer à voyager dans la triste position où je me trouvais. Dès que le soleil fut levé, je donnai quinze grains d'ambre à Mamadou, qui avait si bien plaidé ma cause dans le conseil tenu le 13 juin, et nous partîmes. Nous ne franchîmes pas sans peine les montagnes qui entourent Bourré; leur sommet était caché dans les nuages; on éprouvait de la gêne à y respirer. Au sortir de ce pays élevé, nous traversâmes une plaine immense dépouillée de toute végétation. Nous y trouvâmes quelques ruines de l'ancien Bandéia, abandonné par les habitans il y a près de trente ans. Ce changement fréquent dans la position des villages de l'intérieur de l'Afrique, peut faire attribuer de graves erreurs aux voyageurs; on ne doit pas cependant leur reprocher, sans des preuves bien certaines, de s'être trompés en plaçant tel ou tel village dans des lieux où l'on ne voit plus de traces d'habitations, puisque les pluies tropicales ne peuvent manquer de faire disparaître en peu d'années les débris de monumens de paille et de boue.

Nous fîmes halte à Pellalle, village habité par des Dialonkés. Quoiqu'il ne soit situé qu'à quatre lieues de Bourré, les pluies n'étaient pas encore tombées dans le canton qui l'environnait, ainsi que nous en avions vu la preuve par la plaine dont je viens de parler. Peut-être les hautes montagnes qui sont à l'est, et se prolongent du nord au sud, y retardent-elles l'époque des pluies; la brise de l'ouest y rafraîchissait encore l'air.

Dans cette partie du Fouta Diallon, les nègres établissent leurs habitations sur l'extrémité des monts les plus hauts et les plus escarpés. C'est avec surprise que l'on aperçoit des troupeaux et des maisons sur la pointe des rochers, où les oiseaux seuls semblent pouvoir se fixer. Le village d'Ardétenkata, où nous allions, est dans une position si élevée, et les chemins qui y conduisent sont si pénibles, que, sans un orage affreux qui vint tremper nos vêtemens et rafraîchir l'air, je n'aurais pu jamais y parvenir.

En passant, le 17, dans des bois qui couvraient les hauteurs, j'entendis les cris des orangs-outangs ; ce qui m'engagea à y rester pendant la chaleur du jour, pour voir un de ces animaux. Ils sont très-communs dans ces lieux, mais si farouches, que je ne pus en apercevoir aucun. Le cri de ce singe varie suivant les causes qui le produisent; mais, ordinairement, il ressemble à l'aboiement d'un petit épagneul. Ce singe n'a pas de queue; il broute l'herbe dans les prairies; de loin on le prendrait pour une chèvre; chaque jour il se bâtit une nouvelle case avec les branches des arbres sur lesquels il se fixe; sa rencontre est dangereuse, surtout lorsqu'on est sans armes. Des nègres m'ont dit qu'on a des exemples fréquens de l'amour de ces singes pour les femmes noires; mais cette opinion n'est pas générale.

Pendant que nous attendions que la chaleur du jour fût passée, nous vîmes arriver le chef d'un village voisin accompagné de ses femmes ; mes gens tournèrent le dos pour les laisser passer, et allèrent ensuite prendre la main au chef, qui était d'un embonpoint énorme; il ne pouvait marcher sans s'appuyer sur quelqu'un. Il parut assez mécontent de ce que je connaissais assez peu les bienséances pour avoir regardé ses femmes, et n'avoir pas fléchi le genou pour le saluer.

Lorsque nous nous fûmes remis en route, l'orage nous assaillit, comme à l'ordinaire, sur les deux heures ; la pluie tombait avec tant de violence, que je n'entendais pas mes gens qui marchaient à quelque distance de moi ; je me séparai d'eux sans m'en apercevoir, et bientôt je perdis la trace du chemin. J'arrivai à une rivière grossie par les pluies; un tronc d'arbre, qui servait de pont, était si glissant, que, craignant de tomber dans l'eau, je m'y plaçai à califourchon, et, au risque de faire vingt fois la culbute, je parvins ainsi jusqu'à l'autre rive, que je ne pus gravir qu'en me servant de mes mains. Je ne savais plus quel chemin suivre, personne ne paraissait; l'humidité dont mes vêtemens étaient imprégnés avait renouvelé mes accès de fièvre. J'errais à l'aventure, craignant de ne pas trouver d'asile avant la fin du jour. Heureusement Saadou arriva, et me tira de peine; il me conduisit à rumbdé Koukouma, où nous passâmes la nuit. Je ne pus fermer l'œil, ce qui m'affaiblit tellement, que je restai le lendemain dans cet endroit.

CHAPITRE XI.

Cambréa. — Bentala. — Rio-Grande. — Notice sur les Serracolets. — Frontière du Fouta Diallon. — Description de cet empire.

Nous descendîmes, le 19 juin, du haut des montagnes dans un pays plus plat et moins pierreux, puis je laissai à notre gauche Cambréa, grand village habité par des Serracolets. Nous entrâmes ensuite à Bentala, village de la même nation, après avoir traversé une rivière du même nom, dont l'eau nous venait jusqu'au menton. Le courant était si rapide, que Boukari me soutenait d'un côté, tandis que Saadou, auquel j'étais attaché par une corde, me traînait à la rive opposée. La rivière de Bentala, qui vient du nord, se jette dans la Comba (ou Rio-Grande), ainsi que la Tomine (le Dunzo), qui vient du sud. Après avoir reçu le tribut de ces deux rivières, la Comba prend le nom de Kabou jusqu'à son embouchure dans l'Océan devant les Bisagos. Cambréa et Bentala sont les entrepôts des marchandises européennes, que les Serracolets, nation commerçante, vont acheter chez les Portugais pour les porter dans l'est, où ils les échangent contre de l'or ou des captifs.

Les Serracolets sont tous originaires du pays de Galam ou Kajaaga, dont ils ne parlent qu'avec de grands éloges. Ce sont peut-être les nègres les plus intelligens et les plus adroits en affaires de commerce; leur passion pour le trafic est si grande, que leurs voisins disent, par dérision, qu'ils aiment mieux acheter un âne pour transporter leurs marchandises, que d'avoir une femme dont les dépenses diminueraient leurs revenus.

Tous les voyageurs européens s'accordent à les peindre comme très-hospitaliers. Aussitôt que l'on entre chez un Serracolet, il sort, et dit à l'étranger : « Blanc, ma maison, ma femme, mes » enfans t'appartiennent. » En effet, on jouit, dit-on, dès ce moment, de toutes les prérogatives du maître. Lorsqu'un bâtiment est mouillé devant un de leurs villages, qui sont très-nombreux sur les bords du Sénégal, l'équipage, jusqu'au dernier matelot, est abondamment fourni de tout ce qui lui est nécessaire sans avoir rien à payer. La poudre et les fusils sont les marchandises qu'ils préfèrent, parce qu'ils sont grands chasseurs. Comme le fer abonde dans leur pays, on ne leur en apporte pas. Le pays de Galam est un des plus fertiles de l'Afrique : le mil (*holcus saccharatus*), le riz, le maïs, le tabac, le coton, l'indigo, y viennent presque sans culture. Le lait des troupeaux et le poisson forment la principale nourriture des Serracolets.

Les giraffes sont communes dans le pays de Galam : on dit même que les Maures en ont dans leurs troupeaux; souvent les Serracolets en offrent la dépouille aux voyageurs. Les lions y sont nombreux; les bergers n'emploient, m'a-t-on dit, que le fouet pour les chasser : le roi des animaux s'enfuit ainsi souvent devant un enfant. Les nègres prétendent que, s'ils avaient un fusil à la main, le lion se préparerait au combat, et disputerait une victoire digne de son courage; plusieurs d'entre eux m'ont assuré avoir souvent passé près de ce terrible animal sans qu'il daignât même leur jeter un regard. Une singularité non moins extraordinaire, et sur laquelle tous les nègres sont d'accord, c'est que le lion emporte plus aisément un bœuf qu'un mouton. On a également remarqué que le serpent boa tuait plus facilement un cheval qu'une poule.

Les forêts sont remplies de sangliers, dont la grosseur est prodigieuse. Les eaux du Sénégal nourrissent aussi, dans le pays de Galam, des bêtes monstrueuses, qui ne le cèdent, pour la force, à aucune de celles qui vivent sur terre : malheur au canot qui, traversant un endroit peu profond, passe sur le dos d'un hippopotame endormi! l'animal furieux ne se réveille que pour briser l'embarcation. Au reste, cet animal est herbivore : le crocodile, non moins fort, est bien plus dangereux pour les hommes. Un matelot penché sur le bord d'un canot, fut saisi, m'a-t-on dit, par un crocodile, qui l'emporta au fond des eaux pour le dévorer.

Les arbres qui ombragent le Sénégal, dans le pays de Galam, servent de retraite à une multitude de singes, qui se placent, comme par plaisir, sur l'extrémité des branches pour voir passer les navires. Je vais rapporter sur ces animaux un fait qui m'a paru presque incroyable, et dont pourtant je ne révoque pas la vérité en doute, parce que je le tiens de la bouche de deux marabouts que j'ai toujours connus pour des hommes pleins de franchise.

Une femme allant, avec du mil et du lait, à une embarcation de Saint-Louis qui était arrêtée devant un village du pays de Galam, fut attaquée par une troupe de singes qui avaient trois à quatre pieds de haut; ils lui jetèrent d'abord des pierres; elle se mit à fuir; ils coururent après elle; l'ayant attrapée, ils la frappèrent avec des bâtons, jusqu'à ce qu'elle eût abandonné ce qu'elle portait; toute meurtrie des coups qu'elle avait reçus, elle rentra dans son village, et raconta son aventure aux principaux habitans : ceux-ci montèrent à cheval, et, suivis de leurs chiens, se dirigèrent vers l'endroit qui servait de retraite à cette troupe de singes; ils leur tirèrent des coups de fusil, en tuèrent dix, et en blessèrent d'autres que les chiens mirent en pièces; mais plusieurs nègres furent grièvement blessés dans cette rencontre, soit par les pierres que leur lançaient ces singes, soit par leurs morsures : les femelles étaient surtout les plus acharnées pour venger la mort de leurs petits, qu'elles portaient dans leurs bras.

Ayant reconnu par expérience que la réputation d'hospitalité des Serracolets était bien méritée, je me décidai à rester un jour de plus à Bentala pour réparer mes forces, que minaient de plus en plus les pluies, les fatigues et la maladie.

Nous partîmes, le 21, à l'heure de la prière; bientôt la chaleur m'accabla, et je fus obligé de m'arrêter dans un champ de riz, où un pauvre esclave, s'apercevant de l'abattement qui était peint sur toute ma figure, m'apporta son dîner, qui se composait de quelques ignames cuits dans l'eau : ce repas me rendit un peu de forces, et je pus me remettre en route. Plusieurs rivières traversaient notre route; j'étais forcé de mettre pied à terre pour les passer; au moment où nous allions traverser un torrent, nous fûmes obligés de reculer de quelques pas pour laisser le passage libre à un énorme caïman qui eût dévoré l'un de nous, si nous eussions été un peu plus avancés dans l'eau. Depuis cette rencontre, nous mîmes la plus grande circonspection au passage des rivières..

L'orage qui nous surprit en route nous empêcha d'arriver avant la nuit à un rumbdé situé au pied de la chaîne de montagnes qui se prolonge du sud au nord, jusqu'à la Gambie, et qui sépare le Fouta Diallon du Tenda, pays qui se trouve sous sa dépendance.

Le Fouta Diallon proprement dit commence au sud du village de Bandéia; il est borné au nord par les montagnes de Tangué; à l'est, par le Balia, le Sangarari; au sud-est, par le Firia et le Soliman; au sud, par le Kouranko et le Liban; à l'ouest, par le Tenda-Maié, et plusieurs pays habités par les Mandingues et les Iolas ou Biafares. Les contrées situées au nord au-delà de ces limites, et comprises sous le nom général de Fouta Diallon, obéissent aussi au prince qui réside à Timbo, mais il n'y exerce pas la même autorité.

Les montagnes couvrent ce pays dans toute son étendue; elles forment le second plateau, en allant des bords de la mer à l'est, dans la partie de l'Afrique occidentale que j'ai parcourue, et sont très-riches en mines de fer (1); elles renferment aussi les sources d'une infinité de

---

(1) J'ai rapporté du Fouta Diallon deux sortes de minerais de fer :

1.º Fer oxidé rouge compacte;

2.º Fer hydraté. On en trouve également dans tous les puits du royaume de Cayor.

rivières, dont les eaux se jettent dans l'Océan atlantique; on peut les considérer comme les derniers anneaux d'une chaîne beaucoup plus haute qui est située au sud-est. Les nègres m'ont raconté que les cimes les plus élevées de celles-ci étaient constamment couvertes d'un chapeau blanc; ce qui, je crois, ne peut s'entendre que de la neige; ils ne les avaient pas vues eux-mêmes : d'autres nègres leur avaient communiqué ces particularités.

Presque toutes les vallées du Fouta Diallon qui se trouvent au pied des montagnes, ne sont que des réservoirs immenses qui alimentent les sources de ces rivières : quand on passe sur ces vallées, elles résonnent sous les pieds.

Le sol des plaines est une terre grasse, que les pluies et les torrens ont roulée du haut des montagnes; celui des montagnes n'est composé que de cendres mêlées de pierres ferrugineuses et de débris de plantes. Ce sol est favorable au foigné, espèce de petit mil; aux pistaches de terre *(arachis hypogœa)*. La pistache a le goût de la noisette, surtout lorsqu'on l'a privée de son huile en la faisant griller. Cette amande croît dans la terre au bout d'une racine qui pousse au-dehors une feuille très-verte ressemblant au trèfle de France; les nègres en forment des bottes qu'ils réservent pour nourrir leurs chevaux pendant la saison de la sécheresse.

On voit dans les forêts peu d'arbres dont les fleurs embaument l'atmosphère; le caura, le tekeli, le sône, portent des fruits que le Poule aime passionnément; mais celui que produit le tieké est sans contredit le meilleur; il a la forme et la couleur de la cerise, mais le goût et les pepins de la mûre.

Les terres qui se trouvent entre Toulou et Timbo sont les plus fertiles; l'oranger, le bananier, le papaïer, le riz, le maïs, y croissent; mais le mil, qui craint une trop forte humidité, y est rare. Parmi les grands arbres qui peuplent les forêts, on n'admire plus les énormes baobabs : en effet, Bandéia est leur dernière limite au sud, et ceux même que l'on rencontre entre ce village et Niebel, sont chétifs et presque entièrement dépouillés de feuillage. Cette observation peut faire juger de l'élévation du plateau du Fouta Diallon, où l'on voit languir les mêmes arbres dont la végétation est si prodigieuse dans les rochers du cap Verd.

Les roches qui forment le lit de la plupart des rivières sont des diabases granitoïdes; la nature les a ombragées de bois épais et de lianes pour empêcher leur desséchement; car les sources que j'ai vues étaient en général peu abondantes. Ces rivières sont poissonneuses, mais infestées par les hippopotames et les caïmans.

La température de ce pays offre de nombreuses différences d'après la grande diversité des localités. J'ai trouvé l'air très-froid à Toulou et à Bandéia; j'ai ressenti une chaleur étouffante à Mali, situé près de Tangué, où l'air est très-vif. En passant par plusieurs montagnes, notamment sur celles qui sont dépouillées de toute verdure, on éprouve une chaleur qui suffoque. Dans le Fouta Diallon proprement dit, depuis le lever du soleil jusqu'à sept heures du matin, l'air est froid; à midi, le vent d'est enflamme l'atmosphère; enfin à deux heures, la brise de l'ouest vient le rafraîchir.

Le premier jour des pluies passé, le temps est sec pendant sept jours; ensuite il pleut durant six mois jour et nuit. Les pluies se dirigent du sud au nord. Les fleuves ne sont pleins que lorsque le maïs a acquis toute sa croissance; alors le Fouta Diallon ressemble à un lac immense. Cette inondation n'empêche cependant pas les habitans de voyager; des troncs d'arbres leur servent à traverser les petites rivières, et des pirogues les transportent sur le Sénégal, la Falemé et la Gambie.

Je n'ai pas vu de bête féroce dans le Fouta Diallon; cependant il y a des lions, des panthères, des hyènes, mais en petit nombre; les éléphans y sont rares, les gazelles et les antilopes s'y rencontrent plus fréquemment; le singe se montre partout couvert d'une épaisse crinière; il est hideux; j'en ai vu dont le dos est roux et le ventre blanc. Les bœufs, quoique communs, ne peuvent être d'une grande utilité dans un pays où les herbes sont desséchées pendant la moitié de l'année, et en général peu substantielles; aussi les vaches ne donnent-elles que peu de lait. L'âne est un objet de curiosité dans ces contrées; ce serait cependant la bête de somme qui leur conviendrait le mieux. On y voit beaucoup de chèvres; il n'y a que peu de moutons. On m'a dit que le nombre des chevaux s'élevait à mille à Timbo; je n'en ai vu cependant que deux très-maigres et très-chétifs dans tout le Fouta Diallon.

Il est difficile d'estimer la population du Fouta Diallon, car elle vit dispersée dans les bois; mais tout donne lieu de supposer qu'elle est assez considérable.

On ne peut voyager dans ce pays qu'à pied, et en se munissant d'un guide sûr. On est souvent exposé à souffrir de la faim, mais au moins on n'y manque jamais d'eau, et l'on marche à l'ombre.

On peut tirer du Fouta Diallon des cuirs, un peu d'ivoire, beaucoup de cire; un grand nombre d'esclaves, une petite quantité d'or. Le Kankan est le pays d'où viennent principalement ces deux derniers objets. L'argent, les fusils, la poudre, les pagnes, sont les marchandises que préfèrent les habitans du Fouta Diallon : l'ambre s'y vend au-dessous de la valeur qu'il a sur la côte, le corail y est même peu recherché; les verroteries n'y ont presque aucun prix, excepté les rasades bleues et noires.

Les aborigènes de ce pays sont les Dialonkés. Ce peuple, d'une couleur un peu rougeâtre, n'habite que les pays montagneux; les traits de sa figure sont grossiers; les femmes, qui sont preque toutes laides, aiment beaucoup les ornemens. Le langage des Dialonkés est très-dur; les mots en sont difficiles à articuler.

Les Poules rouges s'emparèrent du Diallon, et lui donnèrent le nom de Fouta, ou pays des Poules. Ils s'unirent par le mariage avec les Dialonkés, qu'ils avaient soumis. Leurs enfans occupent actuellement toutes ces contrées.

Cette nation des Poules, Foulahs, ou Fellatas, se retrouve partout entre le cap Verd et l'Abyssinie. Leurs traits alongés, leurs cheveux longs, et leur couleur rougeâtre, doivent faire supposer, je le répète encore, qu'ils sont venus du nord de l'Afrique : ils n'ont aucune ressemblance avec les nègres; ils en ont une très-grande avec les Barabras de la Nubie. Ces rapports entre deux peuples si éloignés l'un de l'autre n'ont rien d'inconcevable, si les Brabeshas dont Jackson parle dans sa relation de Maroc, et dont, à ce qu'ils racontent eux-mêmes, une colonie serait allé s'établir, il y a huit siècles, sur les frontières de l'Egypte, sont les mêmes que les Foulahs répandus dans le Soudan. Parmi une foule de traits de ressemblance qui semblent confirmer l'hypothèse que je hasarde sur une origine commune aux Foulahs et aux Barabras, j'ai choisi ceux-ci (1). Même couleur de peau, celle de l'acajou poli, même ma-

---

(1) Voyez *Annales des Voyages*, t. 18.

nière de tresser leurs cheveux, même douceur dans le langage, un amour singulier pour les lieux où ils sont nés, et où ils finissent toujours par retourner pour s'y fixer; et, par-dessus tout, cet esprit national qui distingue ces deux peuples de tous les autres Africains, celui de ne jamais se vendre entre eux, et de regarder comme un devoir d'arracher à l'esclavage les hommes qui appartiennent à leur nation. J'avoue cependant que le peu de mots que l'on a recueillis de la langue des Barabras n'indique aucune analogie avec celle des Poules. Mais les individus sortis de la même race, nous le voyons en Europe, n'emploient pas tous le même dialecte.

Au reste, cette réunion d'hommes olivâtres ou rouges, connus sous le nom de Maures et de Poules, et soumis depuis des siècles à l'action brûlante du soleil, sans que leur peau ait le moins du monde noirci, démontre suffisamment qu'il est ridicule d'attribuer à l'influence de cet astre la couleur des nègres, dont au surplus les formes, les traits et les cheveux font une race bien distincte des deux autres, et la seule qu'on puisse vraiment appeler *africaine*.

L'habitant actuel du Fouta Diallon est en général très-laid; son regard a la férocité de celui du tigre, son nez est épaté, ses dents gâtées, sa taille est courte; ses vêtemens, qui tombent en lambeaux, et la manière dont il arrange ses cheveux, naturellement assez longs, en les divisant en petites tresses comme le faisaient les anciens Egyptiens, lui donnent un air farouche capable d'effrayer le voyageur; il n'est cependant pas cruel, mais très-susceptible; un rien le choque et l'irrite. Il laisse rarement une injustice impunie; aussi les révolutions sont-elles fréquentes à Timbo. Elles entraînent souvent la mort du souverain. L'habitant du Fouta Diallon est fier de son pays. Il demande sans cesse aux étrangers s'ils ne le trouvent pas très-beau. Le fanatisme va, chez ces Poules, jusqu'à la fureur. A chaque instant ils tirent leur poignard, et, le regardant avec colère : Je t'enfoncerai dans le cœur d'un païen, s'écrient-ils. Ils sont avides ; pour une paire de pagnes, ils sont prêts à transporter les fardeaux les plus pesans. Ils sont grands voyageurs. Ils aiment les blancs ; mais ils ne leur donnent l'hospitalité que pour leur arracher des présens.

Les habitans du Bondou et du Foutatoro trompent ceux du Fouta Diallon dans les échanges qu'ils font avec eux ; mais, à leur tour, ceux-ci trompent ceux du Kankan et des autres pays voisins du leur. Ils font avec eux de grands profits, ne craignant pas la concurrence, parce qu'ils écartent soigneusement, et même par des moyens violens, les marchands étrangers qui veulent traiter directement avec ces peuples. L'habitant du Fouta Diallon est le plus laborieux des nègres ; une partie du pays, ainsi que je l'ai dit plus haut, ne produisant qu'à force de travail. Il est aussi extrêmement sobre. L'armée mépriserait le roi, s'il mangeait du beurre et du riz avec du lait, cette nourriture passant pour trop succulente. Le prince qui règne actuellement ne vit que de fruits sauvages et de bouillie de mil. Le Poule du Fouta Diallon est sérieux, quelquefois mélancolique ; il a des principes de politesse qui m'ont étonné, parce qu'ils font supposer que ce peuple a déjà fait de grands progrès dans la civilisation. Ses connaissances en astronomie se bornent à marquer les heures et les mois par la marche des constellations. Il appelle la grande Ourse l'Eléphant, nom qui convient tout aussi bien que celui qu'elle tient des Grecs. Il est adroit, soigne tout ce qu'il fait; ses ouvrages annoncent même du goût. Ses magasins sont vastes : c'est aux Européens qu'il en a emprunté le modèle. L'imitation mène quelquefois à la perfection. Ses cases, les mieux construites de toute cette partie de l'Afrique occidentale sont grandes, bien aérées et fermées de larges portes; il est vrai que le bambou que l'on emploie dans ce pays, donne beaucoup de facilités pour ce genre de travail. La propreté règne dans l'intérieur; le luxe consiste à les orner d'armes ou de nattes du Liban.

Les Poules sont aussi d'excellens potiers; la terre dont ils se servent est d'un noir très-foncé, et se pétrit fort aisément. On supposerait, en voyant leurs vases, qu'ils les enduisent de vernis. J'ai admiré l'élégance de leurs écuelles en bois; on les croirait façonnées au tour; elles ne le sont cependant qu'avec la hache. Leurs ouvrages en cuir et leurs poignards sont loin d'égaler ceux des Maures; mais ils n'ont point de rivaux pour la fabrication des arcs; ils excellent aussi à s'en servir. Un de leurs guerriers que j'ai rencontré avait dans son carquois cinquante flèches, quarante-sept portèrent coup; le poison dans lequel ils les trempent, et qui est une espèce d'*échites*, a un effet terrible; on cite principalement celui qui se prépare à Boié.

Les femmes n'ont pas de jolis traits; il y en a peu de bien faites; l'effronterie défigure celles qui sont belles. On ne conçoit pas comment elles peuvent allier la modestie qu'elles affectent quelquefois devant les étrangers, avec l'audace qu'elles montrent en leur demandant sans cesse des présens. Leur parure, la manière dont elles arrangent leur chevelure, annoncent un certain art.

Tout homme qui ne reconnaît pas Mahomet pour l'envoyé de Dieu est l'ennemi des Poules du Fouta Diallon. Mais, malgré leur nombre, il s'est trouvé des païens qui les ont fait repentir de leur fanatisme ; Bokari, chef dialonké, est même à présent l'ennemi qu'ils aient le plus à redouter. Je suis d'autant plus surpris du zèle excessif qu'ils montrent pour la religion musulmane, qu'on serait tenté de croire, en voyant les croix dont ils ornent leurs vêtemens et leurs maisons, qu'ils ont anciennement professé le christianisme.

La race des Poules rouges diminuant de jour en jour, on a été obligé de donner les droits dont ils jouissaient aux enfans issus des négresses esclaves et des Poules rouges; ainsi les enfans qui ont eu pour mères des esclaves, peuvent devenir chefs de village s'ils sont les aînés.

Les rumbdés, dont j'ai eu occasion de parler plusieurs fois, sont des établissemens qui font honneur à l'humanité ; chaque village, ou plusieurs habitans d'un village, rassemblent leurs esclaves, en leur enjoignant de se bâtir des cases voisines les unes des autres ; cette réunion s'appelle *rumbdé*. On choisit un chef parmi ces esclaves; ses enfans, s'ils en sont dignes, occupent sa place après sa mort. Ces esclaves, qui n'en portent que le nom, labourent le champ de leurs maîtres; et lorsqu'ils voyagent, ils les suivent pour porter leurs fardeaux. Jamais on ne les vend quand ils sont parvenus à un âge un peu avancé, ou qu'ils sont nés dans le pays; agir autrement, ce serait causer la désertion de tout le rumbdé; mais celui qui se conduit mal est livré au maître par ses camarades, pour qu'il le vende.

Tout donne lieu de croire que ce genre de colonie établi dans une grande partie de l'Afrique contribuerait à rendre efficace, en même temps qu'utile, l'abolition de la traite des noirs. En effet, tenir les prisonniers de guerre en captivité a été un acheminement vers la civilisation chez des peuples qui, peut-être autrefois, comme ceux de l'Amérique, en faisaient d'horribles festins, ou les sacrifiaient à leurs dieux. Transformer ces prisonniers en serfs de la glèbe, jouissant du privilége de n'être jamais vendus, ainsi que le font les Poules du Fouta Diallon, est une amélioration dans leur sort, un pas assuré vers leur affranchissement, et tout ce qu'on peut attendre à présent des nègres propriétaires d'esclaves. Ne sont-ce pas là d'ailleurs les diverses périodes qu'ont parcourues plusieurs peuples de l'Europe avant d'arriver au point d'indépendance et de prospérité qu'ils ont atteint aujourd'hui?

Les rumbdés indiquent aussi quelle est la voie la moins hypothétique pour vaincre la paresse naturelle aux nègres, et les obliger à devenir cultivateurs sans froisser les droits de l'humanité, tout en profitant de ceux que donne le sort des armes. Ajoutons qu'en favorisant ce système de colonisation dans nos établissemens d'Afrique, dont l'importance est très-grande par leur proximité de l'Europe, on les préserverait d'une destruction inévitable, si l'or et l'ivoire qu'y apportaient jadis les caravanes de l'intérieur, continuent à suivre la route d'Alger, de Tunis et de Maroc, où elles sont sûres de trouver ces armes que l'Angleterre a défendu de leur vendre dans ses possessions. Cette prohibition cependant, il faut en convenir, ne peut guère atteindre le but qu'on s'est proposé en la prescrivant, puisque des hommes armés de lances, de flèches et de poignards le sont suffisamment pour s'emparer de femmes et d'enfans isolés, et même pour faire des guerres longues et désastreuses.

La puissance des Poules du Fouta Diallon, et leur goût pour les expéditions lointaines, les ont mis en rapport avec plusieurs pays sur lesquels j'ai recueilli quelques détails qui seront probablement de quelque intérêt. L'existence de la plupart de ces contrées était inconnue jusqu'à présent.

On trouve au nord-est le Dentilia, pays traversé par la Falemé, et habité par des Mandingues qui sont païens.

Le Diallon, le Sangala, le Kouronia, pays montagneux; ils ont pour habitans des Dialonkés.

A l'est :

Le Balia, à huit journées de Timbo, pays plat habité par des Dialonkés.

Le Kankan (1), à quinze journées de Timbo, pays plat habité par des Mandingues mahométans : sur les frontières de cet empire se trouve le village de Bourré, qui possède, m'a-t-on dit, plus d'or que tout le Bondou et le Bambouk ensemble. Les nègres creusent profondément pour trouver le métal, et pratiquent sous terre des galeries extrêmement lon-

---

(1) Kankan ou Kong vient peut-être du mot poule *caigné*, or.

gues. On voit un grand nombre de Serracolets dans le Kankan, pays aussi important par ses productions que par le commerce qu'il fait avec Ségo et Tombouctou, auxquels il fournit les richesses dont parlent les voyageurs arabes.

Le Sangarari, à dix journées de Timbo, est un pays plat habité par des Poules païens, les Anglais y ont placé les sources du Niger ou Dialliba (1). Ce fleuve a cependant la largeur de deux portées de fusil dans l'endroit d'où l'on prétend qu'il sort.

Au sud-est :

Le Firia, à dix journées de Timbo, pays montagneux habité par des Dialonkés; dans les bois qui séparent le Firia du Fouta Diallon, existe la source de la Caba, que l'on suppose être la rivière de Sierra-Leone.

---

(1) Les Anglais écrivent *Joliba*; mais on doit prononcer le *J* dans ce mot comme dans *John*, c'est-à-dire *djo*.

Le Soliman, pays montagneux habité par des Dialonkés, à dix journées de Timbo.

Le Kouranko, à huit journées de Timbo, pays montagneux habité par des Tomakés et des Kourankos. Dans les bois qui séparent le Soliman du Kouranko, se trouve la source du Niger ou Dialliba, à onze journées au sud-est de celle du Sénégal.

Le Liban est à huit journées au sud de Timbo; c'est un pays montagneux habité par les Libankés : la saison pluvieuse n'y dure que trois mois; la récolte des grains se fait en juin. Le roi de ce pays a fait construire devant le fort qu'il occupe une porte très-étroite, et a placé derrière une pierre très-large; ceux de ses sujets qui, en passant, touchent la porte ou marchent sur la pierre, sont esclaves. Lorsqu'un marchand va chez le roi du Liban, ce prince prend toutes ses marchandises, appelle ses sujets, et ceux qui ont touché la porte ou la pierre, sont livrés au marchand.

A un mois de marche à l'est du Fouta Diallon, on voit le Maniana, dont la capitale est Tokoro; pour s'y rendre, on passe par le Balia, le Kankan, le Toro et le Fabana (le Kaffaba de plusieurs voyageurs). Les nègres du Maniana sont anthropophages, comme l'a rapporté Mungo-Park.

Lorsqu'un habitant de ce pays est malade, on le tue, et on vend sa chair pour de l'or, qui est, dit-on, très-abondant; on mange aussi les vieillards : on va cependant commercer dans ce pays, mais en caravanes nombreuses. Lorsqu'un étranger meurt, on achète son cadavre pour le manger. Le peuple du Maniana se nourrit d'araignées et de scarabées; il est grand, bien fait, et a de beaux traits : on prétend qu'il adore le feu. La difficulté d'entretenir des communications avec une nation aussi barbare, y rend les marchandises d'Europe d'un prix excessif : un fusil s'y paie jusqu'à cent esclaves. Quand le roi veut acheter un objet de prix, il va dans les villages, et dit aux esclaves qui forment sa garde, de mettre les fers à tel homme ou à telle femme qu'il désigne, et, par ce moyen, il enlève souvent tous les habitans d'un village (1). Un nègre de Ségo que j'ai vu à Géba, m'a assuré que son roi avait détruit entièrement ce peuple anthropophage.

Les Poules du Fouta Diallon osent rarement entrer dans les pays habités par les païens, car leurs longs cheveux les trahissent ; et la haine que les adorateurs des fétiches portent aux mahométans les expose souvent à être faits prisonniers ; aussi est-il très-difficile d'avoir

---

(1) Tous ces faits ne me paraissent point avérés, parce qu'ils m'ont été rapportés par des mahométans toujours disposés à calomnier les païens.

des renseignemens positifs sur les païens. Les habitans du Fouta Diallon ont des relations beaucoup plus suivies avec les peuples du Kankan, et surtout avec ceux de Ségo ou de Tombouctou. Deux Poules qui étaient allés dans cette dernière ville me tracèrent l'itinéraire qu'ils avaient suivi pour s'y rendre. En sortant du Fouta Diallon, ils entrèrent d'abord dans le Balia, d'où ils allèrent s'embarquer sur le Niger pour parvenir à Bourré, dont l'or, d'une teinte très-rouge, est plus estimé que celui du Ouasselon, qui est blanchâtre ; ils traversèrent ensuite le pays mandingue pour arriver à Ségo : ils mirent trois à quatre mois à faire le voyage. Ces deux marchands me fournirent quelques détails sur Mungo-Park, dont ils avaient entendu parler ; mais leurs rapports contradictoires furent loin de me satisfaire ; car l'un d'eux m'assura que ce célèbre voyageur était parti de Tombouctou avec une caravane, et l'autre prétendait au contraire que de cinq personnes qu'il avait amenées avec lui à Ségo, deux avaient péri en ce lieu, et qu'avec ses trois compagnons, il avait construit un canot dont on n'avait eu depuis aucune nouvelle. Ce dernier récit est plus conforme à celui du nègre expédié par les Anglais pour connaître le sort de leur malheureux compatriote.

Mes deux voyageurs furent plus d'accord sur le cours du Niger; car ils convinrent tous deux que ce grand fleuve prenait sa source entre le Kouranko et le Soliman; que, dans la saison où les eaux étaient basses, on ne pouvait le descendre que jusqu'à Marabout, où une barre de rochers arrêtait la navigation; ils ajoutaient qu'après avoir traversé Ségo, il allait, à une grande distance de cette ville, former un lac immense dont les eaux avaient un écoulement dans le Nil, qu'ils appelaient le grand fleuve d'Égypte. La peinture magnifique qu'ils me firent de Tombouctou et de Ségo ne m'éblouit pas sur la population ou l'étendue de ces deux villes ; on m'avait fait aussi des descriptions très-brillantes de Timbo, dont on portait les habitans à quarante mille âmes, tandis qu'il n'y en a réellement qu'environ neuf mille ; ses palais, dont on m'avait parlé avec tant d'emphase, ne sont que des chaumières en paille.

Au reste, Ségo et Tombouctou ne sont que les entrepôts du commerce des peuples de l'Afrique septentrionale avec le Kankan et le Ouasselon, les pays de l'intérieur de ce continent les plus riches en mines d'or et en esclaves.

CHAPITRE XII.

L'Auteur traverse le Tenda. — Il est abandonné par un de ses guides. — Notes sur le Tenda. — Rio-Grande. — Disette. — Hospitalité d'un nègre de Kadé. — Sa perfidie. — Départ pour le Kabou. — Quelques mots sur le Tenda Maié.

Nous n'avions pu nous procurer de provisions dans le rumbdé où nous nous étions arrêtés; nous nous empressâmes donc d'en sortir le 22 juin pour franchir les montagnes du Tenda, que nous avions devant nous à l'est. Loin de redouter les orages, je les desirais avec ardeur; la Providence exauça mes vœux; il plut à torrens depuis le lever du soleil jusqu'à son coucher : cette pluie rafraîchit l'air très à propos pour moi; mes forces revinrent peu à peu. Comme il m'était impossible de me tenir assis sur mon âne, à cause de la pente rapide des montagnes, je parvins au sommet en m'appuyant de la main gauche sur mon fidèle Boukari, tandis que de la droite je m'accrochais aux branches des arbres qui bordaient le chemin. Il ne s'offrit pas une seule source sur notre route; je n'eus, pour apaiser ma soif, d'autre moyen que d'exprimer l'eau dont mes vêtemens étaient imbibés; enfin à deux heures nous atteignîmes un petit village poule situé sur la pointe la plus élevée de la montagne. Assis sur les pierres ferrugineuses qui composent le sommet de ces monts, nous attendions que Saadou revînt avec des provisions qu'il était allé chercher; peu de temps après, il nous rapporta un peu de riz cuit dans l'eau, et assaisonné avec une sauce de pistaches qu'un Poule lui avait donnée : ce repas, le premier que j'eusse fait depuis deux jours, me rendit mes forces; et avant le coucher du soleil, nous atteignîmes, en traversant encore les montagnes, Tambamasiri, premier village du Tenda, situé sur une pente escarpée. Le lendemain je fus obligé de séjourner dans ce village, car la fièvre ne me laissa pas goûter un instant de repos; aux douleurs que me faisait éprouver la maladie se joignirent les inquiétudes que je commençai à concevoir sur la fidélité de Saadou. En effet, le 24 juin il exigea le paiement de son salaire avant de partir pour me conduire jusqu'à la frontière du pays, et me demanda aussi un présent pour son frère Mamadou; dans la position cruelle où je me trouvais, entouré de la famille de mon guide, à laquelle appartenait le village, et accablé par les maux que j'éprouvais, je souscrivis aux demandes injustes de Saadou.

Ce point réglé, nous descendîmes dans les plaines situées au pied des montagnes et couvertes de pierres ferrugineuses. Le soir nous entrâmes dans un village placé sur la limite du Tenda et des pays situés au-delà du Rio-Grande. Le Tenda est un petit pays dont l'aspect ressemble à celui de Niokolo, mais il est moins élevé; c'est la première terrasse par laquelle on descend du haut plateau du Fouta Diallon vers les contrées arrosées par le Rio-Grande. Le Tenda est extrêmement pauvre; je n'y ai vu que trois villages presque déserts. L'origine de ses habitans est assez obscure; ils n'ont d'autre rapport avec les Mandingues que celui de se limer en pointe les dents incisives de la mâchoire supérieure (1), et d'aimer passionnément la musique : ils sont païens. Je les crois cependant de race mandingue, parce que plusieurs individus y ont, comme chez ce peuple, des

---

(1) C'est dans les comptoirs européens qu'ils achètent leurs limes.

incisions sur le visage. Ces coupures, généralement en usage chez les nations mandingues, servent, dit-on, à prouver la noblesse de ceux qui les portent.

Aussitôt que Saadou eut fini sa prière, il m'annonça qu'il allait me quitter, ajoutant qu'il avait engagé le chef du village à me fournir deux guides pour me conduire jusqu'à la frontière. Le lendemain, dès le point du jour, nous entrâmes dans les solitudes qui se trouvent entre le village que je quittais et le Rio-Grande. Le temps que mes guides employèrent à poursuivre des ânes sauvages ou des antilopes, dont le nombre est très-considérable, ne nous permit pas d'arriver dans les bois qui avoisinent le fleuve avant six heures du soir; nous perdîmes la trace du chemin que les pluies avaient effacée, et le jour était près de finir lorsque nous arrivâmes sur le bord de l'eau, où nous montâmes dans la pirogue chargée de transporter les étrangers sur l'autre rive. Mon passage ne me coûta que deux colliers de verroterie, parce que je passai comme l'hôte de l'almamy de Timbo, dont l'autorité est respectée jusqu'à cet endroit. Le Rio-Grande était là extrêmement large, et nous eûmes beaucoup de peine à le faire passer à mon âne, que Boukari avait attaché par le licou à un côté de la pirogue, de crainte que, fatigué à force de nager, il ne se noyât ; c'est ainsi que les Maures font traverser les plus grandes rivières à leurs bestiaux.

Les ténèbres de la nuit nous obligèrent, en débarquant, d'allumer des torches de paille pour aller au village d'un chef nommé Faran, à qui la pirogue appartenait. Ce fut avec surprise que j'y vis des cases construites en pierres ; comme il n'entre ni mortier ni ciment dans ces bâtisses, leurs chutes sont fréquentes. Nous fûmes obligés de rester le 27 chez Faran, à cause de l'arrivée d'une caravane de Serracolets qui revenaient chargés de marchandises d'Europe. Faran n'avait exigé qu'une rétribution modique pour mon passage; il mit au contraire ces commerçans à contribution, et les obligea, malgré leurs réclamations, à lui donner plusieurs pièces d'étoffes de fabrique européenne, de la poudre, des balles, des verroteries; c'est, au reste, ce qui arrive partout aux Serracolets : leur réputation de richesse est cause qu'on leur impose des droits plus forts qu'aux autres marchands. Faran était trop occupé à tirer des Serracolets le plus d'argent qu'il pouvait, pour penser ce soir-là à nous faire donner à manger : ce ne fut que le lendemain qu'il m'accorda un guide. Depuis trois jours j'éprouvais les horreurs de la faim. Non-seulement je sentais mes forces défaillir, j'éprouvais aussi comme une espèce d'irritation dans tout mon être; je crois que j'aurais fini par devenir furieux.

En changeant de lieu le 28, je ne trouvai rien qui me soulageât. Diafane, où nous couchâmes, souffrait de la disette; comme les païens de ces pays ne sont pas hospitaliers, je crus que ce jour terminerait mes souffrances. Malgré l'état de défaillance dans lequel je languissais chaque jour, les douleurs aiguës de la faim me rendirent quelque force, et je me mis en route pour gagner Combadé, où nous pûmes enfin acheter des provisions; mais il fallut, pour se procurer ces vivres, vendre le chapeau de mon fidèle Boukari; il paya un peu de riz; sa tunique fut le prix de mon dîner et des services du guide qui devait me conduire jusque dans le pays Kabou. La difficulté d'acheter des grains venait de ce que les nègres faisaient alors leurs semailles: ils y employaient tout ce qui leur restait, se contentant de quelques racines pour leur nourriture. Mon corail et mon ambre n'avaient presque aucune valeur chez un peuple qui est assez sage pour mépriser les ornemens ; j'aurais donc pu dans ce pays mourir de faim.

1.er *juillet*. — Je partis de Combade ; je n'avais pu le quitter plus tôt, parce que mon guide, qui était forgeron, faisait rentrer, avant son départ, toutes les sommes qu'on lui devait. Entièrement sortis des pays montagneux, nous n'avions plus à parcourir que des plaines dont le terrain était sablonneux ; nous marchions plus vite et plus aisément. Nous avions à l'ouest la chaîne des montagnes de Koly ; elles sont granitiques, et s'étendent depuis Kadé jusqu'à celle du Fouta Diallon, qu'elles rejoignent dans le sud-est. Avant huit heures du matin, nous étions à Kanbabolé, éloigné de Combade de trois lieues. La fièvre ne me quittait pas durant le jour, et pendant la nuit je goûtais peu d'instans de repos, depuis que je ne trouvais plus à manger du couscous, qui a la précieuse propriété de modérer la violence du flux dyssentérique.

Malgré l'épuisement auquel j'étais réduit, nous partîmes le 2 juillet de Kanbabolé. Nous ne pûmes trouver l'hospitalité à Kankoly, parce que tous les habitans étaient dehors, occupés aux travaux des champs : il fallut donc, nonobstant ma lassitude extrême, aller jusqu'à un foulakonda, ou village habité par des Poules païens. L'abondance qui règne partout où ces pasteurs sont établis nous fit oublier les maux que nous éprouvions depuis si long-temps. Le 3, continuant à suivre la direction du nord-ouest, nous atteignîmes Kikiore, où l'on me servit le ragoût le plus détestable qui m'eût été présenté jusqu'alors; il était composé de noyaux de différens fruits écrasés et bouillis.

Le 4, nous rencontrâmes un Poule de Kadé, qui nous fut très-utile pour trouver le gué d'un torrent extrêmement rapide que nous étions obligés de traverser. Au-delà de ce torrent, on perd de vue les montagnes; le pays est entièrement uni; on n'aperçoit plus qu'un très-petit nombre de pierres à la surface du sol. Le Tenda, comme on le voit, ressemble beaucoup, par son aspect, au pays des Iolofs; il est cependant moins élevé et moins sablonneux. Après nous être reposés à Kikimany, nous voulûmes poursuivre notre route, mais la chaleur nous força de nous arrêter à un foula-konda situé au milieu de terres si fertiles, que le maïs parvient à sa maturité au bout de deux mois. Nos deux guides eurent en ce lieu un grand sujet de surprise et de scandale, en voyant le mansa ou chef de Kadé, qui tenait à la main son balai, signe de l'autorité, entrer dans une case pour y boire de l'eau-de-vie en dépit de Mahomet, dont l'almamy de Timbo a obligé ce peuple de respecter les lois.

Avant la nuit, nous entrâmes dans Kadé, grand village mandingue, où les païens vivent séparés des mahométans. Notre compagnon de voyage, nommé Samba, devint notre hôte. Il est difficile de peindre les soins que cet homme me prodigua. Il avait eu plusieurs fois occasion de voir des Européens dans leurs comptoirs le long de la côte; il connaissait leurs usages; craignant que la fumée du feu qu'on allume dans les cases pour s'éclairer ne m'incommodât, il me fabriqua une bougie avec de la cire. Nous fûmes long-temps avant de pouvoir nous endormir, parce que la case était pleine de nègres qui ne cessaient de parler. Les uns, qui étaient païens, s'amusaient aux dépens des mahométans, qui attendaient avec impatience le moment où la lune du ramadan paraîtrait. Ah! voici la lune, s'écriaient quelques-uns des premiers; d'autres, au contraire, assuraient avec un grand sérieux qu'elle avait déjà paru, et que les mahométans avaient, en feignant de l'ignorer, abrégé la durée de leur carême : l'apparition de l'astre objet des vœux des musulmans mit fin à toutes les plaisanteries, mais nous n'en fûmes pas plus tranquilles; des nègres entrèrent en courant dans la case : ils racontèrent avec effroi qu'ils avaient vu dans les champs courir des hommes armés, qui étaient sans doute venus pour piller le village. Notre hôte sortit à l'instant pour aller au secours de ses enfans qui étaient dehors; mais il rentra bientôt, et nous annonça que ces hommes armés qu'on avait vus dans la campagne étaient deux aveugles abandonnés par leur guide, et qui, ne pouvant retrouver le chemin du village, erraient à l'aventure.

Le lendemain, la fièvre qui tourmentait Boukari depuis plusieurs jours, m'obligea à rester à Kadé; d'ailleurs les soins de mon hôte pour moi étaient un puissant motif pour demeurer avec lui; quoiqu'il fût très-riche et un des principaux habitans du village, il allait lui-même chaque jour m'acheter des provisions fort loin de chez lui; il semblait n'avoir qu'un but, celui de me faire plaisir; mais, hélas! j'étais dupe des apparences : ce nègre si bienveillant était un fripon. J'appris qu'il s'était approprié le présent que je lui avais confié pour payer au chef de Kadé mon passage sur sa pirogue. Après cette découverte, je devais naturellement douter de la fidélité d'un homme qui avait à ce point abusé de ma confiance; je partis donc de chez lui le 6 juillet, et dans la journée j'arrivai à Pinsory, situé sur la rive occidentale du Rio-Grande.

Le Tenda Maié, pays dont aucun géographe n'a parlé jusqu'à présent, est renfermé dans un coude que forme le Rio-Grande; il est peu étendu, mais très-fertile; par malheur les bras y manquent pour le cultiver convenablement ; cependant les habitans, quoique peu nombreux, sont assez laborieux. Les pluies n'y durent que cinq mois, tandis qu'elles tombent pendant six mois dans les cantons du Fouta Diallon situés sous la même latitude. Le pays est plat et sablonneux; il abonde en maïs, mil, riz. On y voit quelques bestiaux, beaucoup d'antilopes et de bœufs sauvages : l'éléphant ne s'y trouve pas ; les bêtes féroces y sont très-rares.

Les bois renferment de beaux arbres, particulièrement le benten, espèce de fromager avec lequel on construit ces immenses pirogues de la Gambie qui portent jusqu'à trente personnes. Le palmier appelé tir (*cocos butyracea*) y est très-commun ; l'huile qu'on en tire est fort estimée des nègres, et sert à composer leur savon. Il y a du fer qui est très-recherché. On rencontre, en plusieurs endroits, une terre dont on extrait le sel par le procédé suivant : on place sur le feu une chaudière sur laquelle on en pose une autre percée par le fond, et qui contient la terre saline; on verse sur celle-ci l'eau qui tombe dans la chaudière inférieure, et que l'on fait ensuite bouillir, jusqu'à ce qu'elle soit entièrement évaporée; le sel qui reste au fond du vase est de très-bonne qualité. Cette terre se trouve dans le sud-ouest de Kadé; elle n'est couverte que d'une herbe très-rare; on n'aperçoit aucune pierre à sa surface : l'eau qui la couvre est quelquefois salée dans la saison de la sécheresse, et douce pendant celle des pluies.

La langue des habitans du Tenda Maié, n'a, suivant ce que l'on m'a dit, aucun rapport avec celle des peuples voisins; cela paraît d'autant plus vraisemblable, que ce peuple n'est qu'une réunion d'individus de diverses nations détruites par les Mandingues ou les Poules lors de leurs invasions dans ces contrées.

Le peuple est doux, insouciant, peu hospitalier, car il est pauvre ; mais à Kadé, que les richesses et la fertilité du sol doivent mettre au premier rang des villes de ce pays, j'ai été fort bien reçu. Il y a peu d'uniformité dans le caractère général de la physionomie de ces nègres ; mais les habitans du village de Faran sont remarquables par la petitesse de leur taille, la faiblesse de leurs membres, et la douceur de leur son de voix ; ce sont réellement les pygmées de l'Afrique. Quelques-uns suivent la loi de Mahomet ; mais la plupart ne reconnaissent pas ce prophète, et paient des tributs au chef de Labbé, dans le Fouta Diallon, pour acheter leur indépendance religieuse et la faculté de boire de l'eau-de-vie. En général, ils ont de l'attachement et même de la considération pour les blancs ; la plupart les connaissent, ayant des rapports fréquens avec les établissemens portugais de cette partie de l'Afrique.

CHAPITRE XIII.

Le Kabou. — Etablissement portugais de Géba. — Hospitalité que lui accorde le commandant de ce comptoir. — Description du Kabou et de Géba.

JE fus obligé de rester jusqu'au 10 juillet à Pinsory, à cause des difficultés que j'eus à me procurer un guide. Le mien, qui était Poule d'origine, n'osait plus me suivre dans les pays que j'allais parcourir, de peur d'être assassiné par les Mandingues, auxquels l'almamy du Fouta Diallon avait fait une guerre cruelle; à force de présens, j'obtins enfin du chef de Pinsory la permission de voyager avec deux de ses sujets qui se rendaient à Géba : il leur fut expressément enjoint de ne pas me quitter; l'affaiblissement de mes forces et la maladie nous obligèrent de nous arrêter à Diaman, grand village. On voyait dans le voisinage les ruines d'un autre village que l'almamy du Fouta Diallon avait détruit totalement.

Le lendemain 12, nous couchâmes à Kandiane. Epuisé pendant la chaleur brûlante du jour par une soif qu'augmentaient les accès de la fièvre, tourmenté pendant la nuit par la dyssenterie, dont la violence croissait à chaque instant, et qui m'ôtait toute espèce de repos, je crus que je ne pourrais plus atteindre le terme où j'espérais trouver les secours dont j'avais le plus pressant besoin. On rencontre peu de grandes rivières dans le pays de Kabou; mais elles sont profondes. Lorsque nous en avions une à passer, Boukari, saisissant le long bâton que je portais à la main, cherchait le gué à tâtons, car il était difficile de le trouver au milieu des forêts que traversaient des ruisseaux débordés, dont les eaux s'élevaient au-dessus du tronc d'arbre qui sert ordinairement de pont.

Malgré ces obstacles, j'arrivai le 13 juillet à Sumakonda. Dans la nuit on vint m'avertir que des habitans du lieu avaient projeté de piller mon bagage, parce qu'ils supposaient que ma maladie m'empêcherait de faire aucune résistance. C'est pourquoi tout était prêt pour notre départ avant le jour; et pendant que les brigands dormaient encore, je gagnai au large. Nous avions déjà dépassé leur territoire avant qu'ils fussent en état de nous atteindre; nous étions avant la nuit à Séraconda, où les pluies nous obligèrent de passer un jour.

Le 15, je me mis de nouveau en route malgré le mauvais état des chemins, rendus presque impraticables par les pluies; ils étaient couverts de marchands d'esclaves et de marchands de sel; ceux-ci venaient de Géba, et allaient dans les pays situés à l'est; ceux-là, au contraire, allaient de l'est vers les côtes de la mer à l'ouest; ils conduisaient les esclaves en les tenant attachés au cou les uns des autres par de longs bâtons. Quoique nous eussions hâté notre marche, nous ne pûmes parvenir à Bissa Amadi qu'au coucher du soleil. Nous en partîmes le lendemain malgré les représentations de mes guides, qui, voyant la pâleur de la mort peinte sur mon front, craignaient que je ne périsse en route. A deux heures nous fûmes reçus chez le chef de Kansoraly, qui me fit dresser sous sa galerie un lit formé de roseaux tressés. Ces lits sont faits par les Mandingues, et si légers, qu'on peut les transporter en voyage.

Lorsque j'eus pris quelque repos, je remis à Boukari une lettre par laquelle je priais le commandant portugais de Géba de vouloir bien me faire passer du sucre, du thé et du tabac, dont j'avais le plus grand besoin. Je confiai également à mon marabout une filière de corail pour payer ses dépenses sur la route. Géba étant peu éloigné du village où je me trouvais, je desirais sonder les dispositions des Portugais à mon égard, avant d'y aller Boukari. fut de retour le lendemain matin. Il poussa des cris de joie en m'abordant, et en me remettant les provisions dont les généreux Portugais l'avaient chargé pour moi ; elles consistaient en vin de Porto, trois pains frais, du sucre, et du tabac en poudre ; ce dernier objet m'était devenu d'une nécessité indispensable, à cause des maux de tête que j'éprouvais depuis quelque temps.

Boukari, en voyant la manière dont on l'avait traité, avait conçu pour les Portugais une admiration sans égale ; mais la ville qu'ils habitaient lui avait paru aussi mal bâtie que celles des nègres. Quand il eut épuisé ce sujet, il se mit à me faire le récit de la manière dont il avait été accueilli. Un Iolof lui avait servi d'interprète, et lui avait ainsi procuré le moyen de faire connaître mes besoins au commandant; car personne n'avait été capable de comprendre ma lettre écrite en français; on l'avait donc engagé à me presser de venir à Géba, où je serais soigné avec toute l'attention possible; on avait écouté mes aventures avec intérêt, et on desirait vivement me voir. Malgré les souffrances que j'endurais, et le desir que j'éprouvais de passer quelques jours avec des Européens, après avoir été privé si long-temps de leur société, je craignis que les pluies, augmentant pendant le séjour que je ferais parmi eux, ne m'empêchassent de continuer mon voyage. En effet, depuis que j'étais sorti du Fouta Diallon je n'avais pas cessé de traverser des plaines inondées, où j'avais de l'eau jusqu'à la cheville du pied.

Malgré la répugnance que mes guides, sévères sectateurs de la loi de Mahomet, montraient en me voyant déboucher les bouteilles qui renfermaient un poison aussi subtil que le vin, suivant leur opinion, j'en vidai une petite calebasse à la santé du prophète; ce cordial, auquel j'étais peu habitué depuis si long-temps, m'ayant mis en gaîté, je proposai à mon hôte, en plaisantant, d'en goûter, et, en dépit de Mahomet, j'y parvins. L'usage du vin, du pain et du sucre, quoique je n'en eusse pris qu'en très-petite quantité, m'était si étranger depuis cinq mois que j'eus pendant la nuit un violent accès de fièvre. Je résolus donc, dès le lendemain 19, de me rendre à l'invitation du commandant de Géba, et je partis pour cet établissement, situé au sud-sud-ouest de Kansoraly.

Aussitôt que j'aperçus ce lieu habité par des Européens, je poussai des cris de joie : je prononçai le mot de *terre !*

terre! comme si, après une longue et périlleuse navigation, j'eusse vu le port. Mon entrée avait quelque chose de burlesque. Un Européen la barbe longue, vêtu comme un nègre, et monté sur un âne, devait attirer tous les regards; aussi les habitans s'empressèrent-ils de sortir hors de leurs maisons pour me voir passer, et parurent douter que j'appartinsse réellement à la race des blancs. M. Dioqui, le gouverneur, m'attendait sur sa porte; quoique d'un naturel très-froid, il vint me recevoir à la descente de mon âne, et me fit entrer dans sa maison; je dois convenir qu'elle était, aux yeux d'un Européen, assortie à l'hôte qu'on y recevait; c'était une grande maison carrée en terre, composée d'un rez-de-chaussée, et couverte en paille; la lumière pénétrait à peine dans l'intérieur; à côté de la chambre où couche le commandant, se trouve placé le cachot où l'on renferme les malfaiteurs. Un vestibule ténébreux précède ces deux pièces, c'est là que le commandant reçoit les visites; tout autour règnent des lits en paille sur lesquels les nègres s'asseyent indistinctement avec les Européens, dont la couleur seule les distingue. L'étiquette n'est pas gênante dans cet hôtel, on y siffle, on y chante, on s'y étend sur le lit pour dormir, on y mange quand on le juge à propos; liberté d'autant plus surprenante, qu'en passant devant la porte, on est obligé de tirer respectueusement son chapeau, que le maître s'y trouve ou soit absent.

A peine étais-je assis, que les principaux habitans de Géba accoururent pour entendre le récit de mes courses et de mes souffrances; quelques-uns de mes auditeurs parurent étonnés qu'un Français fût venu dans un établissement portugais sans un motif politique; ils énoncèrent cette opinion si hautement, que je fus obligé de détruire les soupçons qu'auraient pu faire concevoir ces réflexions. Le commandant me dit que, touché de mes malheurs, il voulait que je couchasse dans sa maison; qu'il éprouvait un vif regret de n'avoir pas de médicamens à m'offrir, mais qu'il espérait que, grâces aux soins dont je serais l'objet, ma santé se rétablirait promptement.

Il me conduisit dans une grande case en terre peu éloignée de la sienne, et sa femme m'y fit préparer une chambre. Jamais je n'ai ressenti une joie aussi vive que celle que me causèrent en ce moment les attentions dont cette négresse bienfaisante me combla. Mon marabout se joignit à moi pour rendre à Dieu des actions de grâces : « Mon blanc est sauvé ! » s'écriait-il en serrant la main de madame Dioqui. En effet, après cinq mois de privations de tous les genres, je trouvais un bon lit de feuilles de bambou, une moustiquaire, du linge bien blanc, du thé, du beurre, enfin toutes les commodités auxquelles on est accoutumé en Europe. Le sentiment de gratitude que j'éprouvais pour des soins si affectueux était d'autant plus vif, qu'entièrement étranger aux personnes qui me les prodiguaient, je les devais uniquement à leur humanité et à leur bienveillance.

Le séjour que je fis à Géba, et que je prolongeai à cause de la faiblesse que j'éprouvais et des pluies qui ne cessaient de tomber, me mit en état de recueillir quelques renseignemens sur la contrée de Kabou que j'avais visitée, et sur Géba que j'allais quitter.

Le pays compris entre le Rio-Grande, la Gambie et la rivière de Géba, porte le nom de Kabou; il est très-fertile : on y cultive le riz, le mil et le maïs, un peu d'indigo et de coton. Les pluies qui tombent depuis le mois de mai jusqu'à la fin d'octobre, sont très-abondantes, mais les vents ne soufflent pas avec la même violence que dans les contrées situées plus à l'est. Le climat est chaud, humide et malsain. Comme le pays n'est composé que de plaines couvertes en plusieurs endroits d'épaisses forêts (1), l'eau y séjourne; on en profite pour cultiver le riz. On travaille à la terre avec un instrument en bois en forme d'aviron, et dont l'extrémité est ferrée ; on emploie, pour bêcher les champs de maïs, des houes dont le manche est très-court. Le Kabou est habité par un mélange de plusieurs nations; les Mandingues sont les plus nombreux, et leur langue est la seule en usage. Leurs villages sont grands, très-peuplés, leurs champs cultivés avec soin; mais ce peuple est enclin au vol, insolent, peu hospitalier et avare. Il possède des richesses considé-

---

(1) On y rencontre à chaque pas des lataniers : les feuilles de cet arbre, plissées en éventail, servent de parapluies aux nègres.

rables qu'il doit à son industrie et à son esprit mercantile. La plupart de ces Mandingues sont païens, ainsi que les Poules qui habitent les Foula-Kondas (villages de Poules) dépendans d'un village mandingue.

Ces Poules, venus, je crois, de Salum, sont bons agriculteurs, et c'est toujours à eux que l'on s'adresse pour avoir du grain ou d'autres denrées, et même du gibier, car ils sont aussi très-habiles chasseurs. Ils fabriquent de l'eau-de-vie avec du miel fermenté : l'immense quantité de cire que les Portugais leur achètent doit faire supposer qu'ils donnent beaucoup de soins à l'éducation des abeilles. Les cases des villages habités par ces Poules sont alignées sur deux rangs, et forment une rue large et longue : tous ces villages se font la guerre entre eux; les prisonniers sont vendus à Géba.

Cet établissement portugais, enclavé

dans le pays des Mandingues Saussais, est situé à soixante lieues au nord-est de Bissao, autre fort portugai placé sur le bord de l'Océan. Géba est un village composé entièrement de maisons construites en terre : il n'y a point de fort. Quelques soldats noirs y font respecter un gouvernement qui se soutient par la douceur bien mieux que par la force réelle.

Borné au sud par une rivière marécageuse, à l'est par des montagnes, c'est peut-être un des lieux les plus malsains du globe. Je n'y ai vu que trois Européens, mais leur visage était tellement décomposé par la pernicieuse influence du climat, qu'on les aurait pris pour des spectres échappés du tombeau. Le reste de la population, qui s'élève à sept cent cinquante individus, est composé de noirs ou de mulâtres, qu'on appelle cependant blancs, parce que tout ce qui est libre prétend à ce titre.

Les oranges, les citrons, les goïaves, les ignames, le manioc et le maïs, abondent à Géba. Quoique les cochons, les bœufs, les moutons, les chèvres, les volailles y soient communs, on y fait fort mauvaise chère, parce qu'on y restreint très-singulièrement la dépense. La cupidité a conduit les Européens dans ces lieux malsains, l'avarice les y tourmente encore. Les femmes libres, presque toutes de la race mandingue, se rasent entièrement la chevelure, tandis que les esclaves ne coupent leurs cheveux que sur le milieu de la tête. Le commerce de ce comptoir consiste en cuirs, cire, ivoire et esclaves, que l'on envoie à Bissao, où les Européens en venaient autrefois faire la traite.

CHAPITRE XIV.

Départ pour Bissao. — Accueil fait à l'Auteur par le gouverneur de cette colonie. — Soins et attachement constant de Boukari. — Retour à Géba.

Croyant, au bout de quelque temps, m'apercevoir que mon séjour commençait à devenir à charge aux habitans, il me sembla convenable de profiter du départ d'une barque destinée pour Bissao, où j'espérais trouver un bâtiment qui ferait voile pour l'Europe.

Malgré l'exiguité de mes moyens, je tâchai de témoigner ma reconnaissance à M. Dioqui, dont l'hospitalité bienveillante m'avait été si précieuse. Au moment où j'allais partir, on m'apporta des pains frais et un peu de thé pour ma route; cette nouvelle attention de la part de madame Dioqui valait certainement le présent que je lui fis d'une filière entière de corail : c'était bien peu pour sa conduite généreuse envers moi ; cependant ce don lui parut d'un si grand prix, que, levant les mains au ciel, elle implora sa protection pour moi. Je me séparai de mes braves hôtes avec de vifs regrets, et, le 2 au soir, je m'embarquai sur la rivière de Géba.

Mon costume excitait les rires et le mépris des matelots nègres qui montaient le bâtiment. Je m'étais logé dans la cabane pour me mettre à l'abri de la pluie ; ils m'obligèrent d'en sortir, et d'aller coucher sur le pont, exposé à toutes les intempéries de l'air, et firent prendre ma place à trois négresses monstrueuses qui leur avaient inspiré de tendres sentimens. Ils ne se contentèrent même pas de m'avoir empêché de reposer, ils me défendirent aussi de faire cuire mon dîner, de sorte que je fus obligé, pendant toute la traversée, de me contenter de quelques tasses de thé, que Boukari préparait avec l'eau dont ils s'étaient servis pour laver leurs chaudières. J'endurai ces désagrémens pendant trois jours, qui me parurent bien longs. Enfin, le 6 août, j'arrivai à Bissao, harassé de fatigue, épuisé par le défaut de nourriture suffisante, et mouillé jusqu'aux os par la pluie qui n'avait cessé de tomber. On conçoit que cet état de malaise continuel ne me permit de faire aucune observation détaillée sur la rivière de Géba, dont les rives basses et boisées servent de retraite à un grand nombre d'hippopotames qui se plaisent dans ses eaux fangeuses.

Dès que notre canot eut mouillé devant Bissao, je reçus l'ordre de descendre à terre, et, malgré la fureur des vagues soulevées par un coup de vent tertible, je débarquai au milieu des lames qui brisaient sur la grève.

La largeur de mon chapeau bambara, l'épaisseur de ma barbe, le long bâton sur lequel je m'appuyais, le désordre qui régnait dans mes vêtemens presque tout en lambeaux, attirèrent autour de moi une foule innombrable de nègres, qui ne cessèrent de m'insulter et de rire de mon accoutrement. Un sergent portugais témoin de mon embarras, tira son sabre, et rétablit l'ordre pour quelques instans; ensuite il me dit de le suivre, et tint à l'écart la multitude qui obstruait la rue conduisant au fort. Lorsque je me présentai à la porte, la sentinelle, jugeant de la bassesse de ma condition par le triste état de mes vêtemens, me dit en portugais : « Camarade, ôte ton chapeau. » Blessé de recevoir un ordre semblable, je regardai ce nègre fixement, et j'enfonçai mon chapeau.

Aussitôt on alla m'annoncer chez M. de Mattos, gouverneur de la place, et je parus au milieu d'un cercle nombreux d'officiers, qui, entendant dire qu'un Français venait d'arriver, étaient accourus pour me voir. Je portais la livrée de la misère; néanmoins le gouverneur me fit asseoir à ses côtés, bonté touchante de sa part, car l'eau qui dégouttait de mes vêtemens mouilla ses meubles et le plancher de son appartement.

Tous les regards se fixèrent sur moi : mon costume parut à quelques-uns un déguisement; on ne pouvait s'imaginer que j'appartinsse à une nation européenne. Le gouverneur me demanda le motif qui m'avait déterminé à voyager dans l'intérieur de l'Afrique; mes réponses lui parurent satisfaisantes; il voulut bien me le témoigner. « Mais avez-vous déjeûné? » ajouta-t-il. « Depuis trois jours, lui répondis-je, je n'ai rien mangé. » A l'instant il me fit apporter du pain frais, du thé, du beurre et du fromage; lui-même me servit la première tasse; ensuite il se retira sur son perron, pour me laisser déjeûner librement. Je n'avais pourtant d'autres titres aux bontés de cet homme généreux qu'une lettre de recommandation de M. Dioqui, auprès duquel je n'en avais d'autre que l'intérêt que je lui avais inspiré.

Quand j'eus déjeûné, le gouverneur me dit : « Monsieur, tout ce que j'ai » dans ma maison est à vous; vous pou-» vez en disposer. Vous avez sans doute » besoin de repos? on vous a préparé » une chambre que vous pouvez aller » occuper. » Aussitôt un officier me conduisit dans une belle maison bâtie en pierre, et située sur le bord de la mer; comme j'avais un violent accès de fièvre, je me couchai tout de suite, et je m'endormis profondément : à mon réveil, je me sentis soulagé. Je me félicitais de cet heureux changement, lorsque l'on m'apprit une nouvelle qui me prouva la vérité de l'ancien adage, qu'il n'est pas de satisfaction sans quelque mélange de chagrin. Mon âne, ce fidèle animal à qui je devais la conservation de mon existence, avait péri dans la mer. J'étais si faible lorsque je débarquai, que je n'avais pu rester sur le rivage pour m'occuper des moyens de faire aborder sans danger ce pauvre animal. Il m'avait rendu des services bien grands; sa perte me causa des regrets bien vifs. Je le perdais à l'instant où il aurait pu jouir du repos et réparer ses forces, et je me voyais privé de toute ressource pour regagner par terre les bords du Sénégal. Pendant que je regrettais d'avoir quitté si brusquement le bâtiment sans veiller au débarquement du constant compagnon de mes voyages, Boukari vint m'annoncer que parmi les captifs qui se trouvaient à bord avec nous, il y en avait un qui, saisissant un fusil oublié près de lui, l'avait tiré, et fait un trou au bâtiment, qui avait manqué de couler bas; on n'avait pu le sauver qu'en bouchant sur-le-champ le trou avec du suif. Par conséquent, si j'eusse un peu tardé à descendre à terre, bien loin de pouvoir sauver mon âne, j'eusse peut-être été noyé.

J'étais encore couché lorsqu'un nègre m'apporta un paquet d'habits tout neufs, et m'invita, de la part du gouverneur, à venir dîner avec lui : mon état de souffrance m'empêcha d'accepter. Je fis prier M. de Mattos de vouloir bien m'excuser. Une heure après on vint me présenter, sur un superbe plateau, six plats contenant des mets exquis; mais la fièvre m'empêcha de rien goûter. Ce fut avec la même libéralité que M. de Mattos ne cessa de me traiter pendant mon séjour à Bissao. Ce gouverneur peut avoir trente ans; il est d'une taille avantageuse; sa figure, pleine de noblesse et de dignité, annonce une naissance distinguée. La générosité avec laquelle il reçoit les étrangers n'a pas plus de bornes que sa fortune, qui est immense.

Dès le lendemain, je me rendis chez le gouverneur pour le remercier de son accueil et de ses soins. J'avais mis les habits qu'il m'avait envoyés. L'effet produit sur les habitans par ce changement de costume fut merveilleux. La veille, le peuple m'avait hué, aujourd'hui toutes les personnes que je rencontrais me saluaient; je rendis grâce de cet honneur au mérite de mon habit et de mon chapeau, et je fus étonné de trouver un trait si frappant de ressemblance entre les habitans civilisés de Bissao et ceux du village de Faliloum.

Si le gouverneur me voyait de bon œil, il n'en était pas de même de tous les Portugais de Bissao; et sans la considération dont m'entourait M. de Mattos, j'eusse été obligé de sortir de ce lieu. Il y a partout des êtres malheureusement nés et que l'envie tourmente. Quelques officiers, jaloux de la bienveillance que me témoignait le gouverneur, saisissaient toutes les occasions de faire tomber la conversation sur des faits dont le souvenir aurait pu aigrir contre un Français quelqu'un d'un esprit moins magnanime que M. de Mattos. Ils rappelaient la prise de Lisbonne par les Français, et l'apparition d'une de nos frégates venue à Bissao pour canonner ce fort. Ma position était d'autant plus pénible, qu'il me fut impossible de me soustraire à ces tracasseries aussi promptement que je l'aurais desiré. L'effet des pluies continuelles qui étaient tombées pendant les mois d'août, de septembre et d'octobre, joint à celui des chaleurs étouffantes, avait tellement augmenté ma faiblesse, que je sortais rarement de mon lit. Dans cette occasion, Boukari me donna les preuves les moins équivoques de son attachement. Sans cesse à mes côtés, ce fidèle serviteur cherchait, par la ferveur de ses prières et l'assiduité de ses soins, à retenir mon dernier souffle, qui semblait prêt à s'exhaler; grâces à la vigueur de mon tempérament, je pus résister, sans aucun secours de l'art, aux atteintes de deux maladies aiguës, et à l'influence maligne d'un climat humide et brûlant.

Avec le retour de la saison sèche, mes forces physiques et morales revinrent un peu; alors je priai M. de Mattos de me fournir les moyens d'aller par eau à Mansua, grand village mandingue situé sur la rivière du même nom; je devais ensuite me rendre de là par terre aux bords de la Gambie; M. de Mattos me donnait un bœuf pour me transporter jusqu'à ce fleuve avec mes marchandises, car j'étais trop faible pour pouvoir marcher dans les marais profonds qu'on rencontre sur cette route. Le maître d'une pirogue exigea cinquante piastres pour me porter à Mansua. J'étais prêt à partir, lorsque la maladie vint encore arrêter l'exécution de mes projets.

Cependant le 1.er novembre je me trouvai en état de me remettre en route, et j'allai faire mes adieux à M. de Mattos. Ses larmes me prouvèrent le vif regret qu'il éprouvait en me quittant : il joignit à ces marques d'intérêt des preuves bien plus sensibles encore de son attachement, en me donnant toutes les provisions qui m'étaient nécessaires pour mon voyage, et en me remettant des lettres pour le commandant de Géba, où je retournais. Il l'engageait à me chercher un cheval et un guide, et à me fournir les marchandises dont je pourrais avoir besoin. Le gouverneur me recommanda aussi aux soins du maître de la pirogue que je montais; et il le fit avec d'autant plus d'instances, que la pâleur de mon front semblait présager que j'avais peu de jours à vivre. Je me séparai de M. de Mattos avec la douleur qu'on éprouve en s'éloignant d'un père; il m'en avait tenu lieu. C'est à ses bontés, à sa générosité que je dois la vie. Ma faiblesse extrême ne me permit pas de lui exprimer ma reconnaissance avec toute la chaleur dont mon cœur était pénétré. Je lui dis que son souvenir y était profondément gravé à jamais, et j'adressai à Dieu les vœux les plus fervens pour le bonheur de cet homme respectable.

Dès que nous eûmes perdu de vue Bissao, nous allâmes mouiller dans la rivière des Balantes, pour y acheter du sel, que le peuple de ce nom retire de la terre en la faisant bouillir. Notre séjour en cet endroit fut d'autant plus désagréable pour moi, que le pays était entièrement découvert, et que les vases profondes sur lesquelles était mouillée notre pirogue nous empêchaient d'en sortir pour aller chercher un abri contre les rayons du soleil. Les nègres de Bissao, libres ou esclaves, étant très-insubordonnés et très-insolens, ce ne fut qu'à force de prières et de présens que j'obtins d'eux de me construire sur le bateau une petite cabane avec des branches de mangliers.

Nous restâmes trois jours dans la rivière des Balantes : on y traita une quantité considérable de sel pour du tabac; on en donnait sept feuilles pour quarante livres de sel. Lorsque le maître de la pirogue eut fini son trafic, nous retournâmes dans la rivière de Géba, où la navigation est beaucoup plus lente que sur le Sénégal, parce que les nègres ne vont qu'avec la marée. Les douleurs que j'éprouvais, jointes à la conduite insolente des esclaves de la pirogue, me faisaient desirer ardemment d'arriver au terme de notre voyage; le neuvième jour depuis notre départ de Bissao, une querelle dont je fus témoin me fit craindre d'être assassiné par les nègres : s'étant procuré une grande quantité de vin de palme, ils se retirèrent sous des arbres qui formaient au-dessus des eaux un ombrage très-épais; l'ivresse leur ayant fait bientôt perdre la raison, ils se disputèrent. Comme ils appartenaient à la race des Mandingues, qui sont d'un caractère très-violent, ils voulurent en venir aux mains. Les sabres furent tirés, on brandit les lances, et l'on s'appela en duel; les combattans étaient si animés, qu'il y en aurait eu plusieurs de tués, si je n'eusse fait diversion à leur fureur en parlant du gouverneur. J'avais cru, en invoquant son autorité, rétablir l'ordre; mais j'attirai sur moi toute leur rage, car ils s'écrièrent tous qu'ils étaient libres et *signores;* qu'ils n'avaient à rendre compte de leur conduite à personne, et qu'ils étaient surpris que je me permisse de les censurer, moi qui n'étais qu'un pauvre diable fort heureux que des Portugais aussi nobles qu'eux eussent bien voulu me souffrir à bord. Craignant d'exciter encore plus leur colère en répondant à leurs injures, je me tus; mais ils ne bornèrent pas là leur vengeance. L'un d'eux me blessa au dos d'un coup de lance, et brisa ma cabane, en disant qu'un misérable comme moi devait coucher tout comme eux à l'air.

Je ne crus pas devoir parler de cet événement au commandant de Géba, parce qu'on ne m'eût pas vraisemblablement pu rendre justice, et qu'elle m'eût d'ailleurs exposé à la vengeance de ces nègres, que le témoignage de Boukari n'eût pas suffi pour faire condamner.

Je ne passai cependant qu'une mauvaise nuit; car le lendemain, 9 novembre, je descendis à Géba : le commandant m'accueillit avec la même bienveillance qu'à mon premier voyage, et me fit loger chez un habitant de ce comptoir : nous fûmes occupés jusqu'au 18 à trouver un guide ; mais il nous fut impossible d'acheter soit un cheval, soit un âne ou un bœuf, pour servir de monture dans un pays où l'on ne trouve absolument aucun de ces animaux. Enfin j'arrêtai un guide pour me conduire à Brouko, sur la Gambie ; c'était un Mandingue qui m'avait donné l'hospitalité dans le Kabou ; je l'avais rencontré dans Géba. Sa surprise en me revoyant avait été aussi grande que s'il eût vu paraître un fantôme. Lorsqu'il m'avait reçu chez lui, je semblais tellement près de rendre le dernier soupir, qu'il n'avait pas cru que je pusse résister à mes maux : la joie qu'il ressentit, en me serrant la main, et en acquérant la certitude que j'étais le même blanc auquel il avait donné à manger, fut si vive, qu'il s'offrit de lui-même à me conduire.

CHAPITRE XV.

L'Auteur revient à Bissao; — S'embarque pour Gorée. — Etat actuel de Bissao et des pays qui commercent avec ce comptoir. — Voyage par terre de Gorée à Saint-Louis.

Au moment où nous allions nous mettre en route à pied, ayant déjà notre bagage sur les épaules, le commandant me fit prévenir de l'arrivée d'une goëlette française à Bissao. Je restai longtemps indécis sur le parti que je devais prendre; enfin je suivis l'avis de Boukari, qui, me jugeant incapable de voyager de nouveau à pied, opinait pour notre retour à Bissao. Notre pirogue mouilla le 25 novembre devant ce comptoir. M. de Mattos me reçut avec la joie qu'il aurait éprouvée en revoyant un fils qu'il aurait cru perdu.

Deux navires français du Sénégal étaient mouillés devant sa maison ; je me croyais enfin près de revenir parmi mes compatriotes ; mais au bout de quelques jours mon espoir fut cruellement déçu ; l'un de ces bâtimens partit pour le Rio-Pungo, l'autre pour les îles du cap Verd. Depuis long-temps j'avais enduré mes maux avec patience ; ce contre-temps soudain me donna un accès de fièvre tel, que je me vis aux portes du tombeau ; une méprise me rendit à la vie. J'avais demandé de l'ipécacuanha ; le gouverneur m'envoya une forte dose d'émétique ; remettant alors mon sort à la décision de la Providence, j'avalai ce remède, et je fus sauvé. L'arrivée de la goëlette de M. Baudin de Gorée contribua aussi au rétablissement de ma santé. Je fus en état de m'embarquer le 3 janvier 1819.

Le comptoir de Bissao, situé par 11 degrés 18 minutes de latitude nord, est placé à l'extrémité sud-ouest d'une grande île que forme la rivière de Géba près de son embouchure dans l'Océan. Le terrain sur lequel on a bâti cet établissement, quoique bas et couvert autour de l'enceinte de mares d'eau, est pierreux. Des sources fournissent une eau dont le goût marécageux annonce la qualité malsaine; le climat est brûlant et humide; les chaleurs, pendant la saison pluvieuse, sont étouffantes et insupportables. Le manque d'appétit, une faiblesse extrême dans tous les membres, la fièvre, de violens maux de tête, sont les suites du calme continuel qui règne alors dans l'air. Mais aussitôt que la saison de la sécheresse est venue, le vent d'est est si piquant le matin, que je doute avoir autant souffert du froid en France. Quoique l'air des habitans annonce un état de maladie, et que dans le fait ils soient toujours souffrans, ils succombent rarement. Les maladies ataxiques sont très-communes à Bissao; mais l'hépatitis, si dangereuse au Sénégal, et qui y moissonne tant de monde, est fort rare parmi les Portugais; leur sobriété, et l'usage très-modéré qu'ils font des alcohols, sont les seuls préservatifs qu'ils emploient contre l'invasion de ce mal affreux, presque endémique dans les climats chauds.

Les maisons de Bissao, placées sur le bord de la mer, sont construites en pierres; celles qui se trouvent dans l'intérieur de la ville ne sont qu'en terre, et couvertes en paille. Dans la saison de la sécheresse, on les fait découvrir pour éviter les incendies.

La ville est défendue par un fort en pierres bâti depuis cinquante ans, très-spacieux, et entouré d'un large fossé; il servit autrefois à soumettre les Papels qui occupaient le pays. Capable de soutenir les attaques des nations voisines, il ne pourrait résister à celles des Européens. Les casernes, la chapelle, la maison du gouverneur, en occupent l'intérieur. La garnison est composée en grande partie de noirs et de mulâtres, et d'un petit nombre de blancs. Ces soldats sont sans souliers et sans uniforme; les uns portent des casquettes ou des chapeaux ronds, les autres sont affublés de vestes faites avec des étoffes de coton à grandes fleurs, et la plupart ne sont vêtus que de lambeaux. Leur solde consiste en quelques feuilles de tabac qu'on leur donne chaque jour; elles leur servent à acheter du riz et des fruits du pays. Ils ne mangent ni pain ni viande; l'eau est leur boisson. Malgré ces privations, cette garnison perd moins de monde que les nôtres. La seule différence qui existe entre les officiers et les soldats, c'est que ceux-là, ayant plus de besoins créés par l'éducation, sont encore plus malheureux, puisqu'ils n'ont presque aucun moyen de les satisfaire.

Deux personnes seulement mangent du pain et boivent du vin, le gouverneur et le commandant de la place. On ne voit à Bissao ni médecins, ni médicamens; l'expérience seule guide les habitans dans la cure des maladies. On a de la peine à concevoir comment des hommes nés en Europe peuvent perdre à ce point les habitudes de leur jeunesse, et comment un gouvernement peut oublier si cruellement une partie de ses sujets.

Quand on a vu les privations que les Portugais sont capables de supporter sous un climat aussi dangereux, on regrette qu'il n'y ait pas parmi eux un voyageur qui tente de pénétrer dans l'intérieur de l'Afrique : je suis convaincu qu'il obtiendrait un succès complet.

Il existait anciennement un couvent de franciscains, composé de quatre moines de cet ordre; les uns sont morts, les autres sont retournés en Europe. Des orangers et des citronniers s'élèvent au milieu des ronces qui couvrent leur jardin, dont le temps a renversé les murailles. Deux prêtres sont encore attachés au service de la chapelle; l'un passait pour un méchant et un calomniateur, l'autre ne sortait du pied de l'autel que pour aller s'enivrer dans la caserne avec les soldats. Ce ne sont pas les seuls individus chez qui j'ai remarqué en Afrique une dépravation profonde. Il semble que le soleil près de l'équateur ait une influence corruptrice sur les Européens qui y sont long-temps exposés, et qu'il relâche peu-à-peu les ressorts de l'âme comme ceux du corps.

Les habitans de l'archipel des Bisagos viennent vendre à Bissao du riz et des esclaves. En arrivant à Bissao, ces nègres s'écrient : Voici un navire des Bisagos! Aussitôt le marché s'établit sur la plage. Ils apportent des fruits dont la grosseur montre que le sol de leurs îles est très-fertile. Il est difficile de s'imaginer la rapidité avec laquelle leurs pirogues glissent sur l'eau : elles sont peintes de couleurs bariolées; un morceau de bois armé de deux petites cornes en fer et placé à l'arrière, est le dieu tutélaire chargé de les protéger contre la fureur des vents qui peuvent survenir au milieu des calmes, seul temps pendant lequel ils se hasardent à naviguer. Les Biafares apportent à Bissao l'ivoire; les Balantes, le sel; les Mandingues et les Poules, l'or et les esclaves. Depuis que l'almamy du Fouta Diallon a menacé les Mandingues de leur faire la guerre, s'ils ne donnaient passage sur leurs terres à ses sujets, dont ils voulaient écarter le commerce, j'ai vu arriver en un mois trois cent cinquante esclaves dans les établissemens portugais.

Les Papels, dont les terres s'étendent jusqu'aux portes de Bissao, approvisionnent le marché de cette ville. Un événement dont je fus témoin me prouva toute l'importance de leur liaison avec ce comptoir. Le gouverneur ayant fait braquer deux canons sur leurs villages, les Papels défendirent à leurs femmes de rien apporter au marché de Bissao, de sorte que l'on s'y vit bientôt dans la disette; on fut réduit à consommer tout le manioc qui se trouvait dans les jardins des habitans. Enfin un conseil s'assembla chez le gouverneur, et l'affaire parut de si grande conséquence, que tous les Portugais y assistèrent. Le gouverneur crut devoir faire les premières démarches; sa femme (c'était une négresse) fut députée vers les Papels. Les conférences qu'elle eut avec le roi Joseph (ces peuples ont presque tous pris des noms chrétiens) eurent un succès complet; on convint d'une entrevue pour conclure la paix.

Le lendemain matin, des coups de fusil furent tirés pour annoncer cet heureux événement; à midi, on vit le grand monarque des Papels faire son entrée à Bissao. Un Papel représentant sa nation et un matelot nègre le peuple portugais, donnèrent au roi le spectacle d'un combat simulé; le papel, armé de son long sabre, combattait contre le Portugais, armé de même; mais celui-ci avait derrière lui une cinquantaine de nègres qui tiraient des coups de fusil au papel: la victoire ne fut pas long-temps indécise. Le papel demanda grâce; le roi Joseph continuait cependant sa marche triomphante. Jamais nègre ne ressembla davantage à un orang-outang. Il portait un habit rouge et une culotte courte de la même couleur, attachée aux jarretières avec des boucles de cailloux du Rhin; sa jambe, extrêmement maigre, était cachée sous des bas blancs; mais, par habitude, il marchait sans souliers; sa tête était couverte d'un chapeau rond; il avait une chemise et une cravate blanches. Deux anneaux d'or pendaient à ses oreilles, et deux autres en fer étaient à ses doigts; le bruit qu'il faisait en les agitant sans cesse servait à annoncer son arrivée. Ce nègre était si mal à son aise dans son costume européen, qu'on l'eût pris pour un mannequin d'osier. Son ministre portait un chapeau et un pagne de drap bleu; il tenait un parasol au-dessus de la tête du roi; un sergent blanc, qui remplaçait sans doute le gouverneur de Bissao, était à la gauche du monarque africain. Une multitude confuse de Papels, les uns armés de piques, les autres de sabres et de fusils, tous à-peu-près nus, formaient le cortége de sa majesté noire. Les acclamations du peuple de Bissao l'accompagnèrent jusque dans la maison du gouverneur, auquel il offrit en présent un bœuf qu'on traînait à sa suite; il reçut en retour une bonne provision d'eau-de-vie. Dans la soirée les coups de fusil annoncèrent le retour du potentat dans sa capitale; sa démarche était moins assurée que le matin; il fût même tombé à terre, sans le secours de son ministre, qui le soutenait de son bras. La fête se prolongea dans la nuit en honneur du retour de la paix. Les habitans de Bissao étaient dans l'ivresse de la joie pour le rétablissement de la concorde entre les deux peuples.

C'est par de pareils actes de faiblesse que les Portugais ont su, sans avoir besoin de recourir à la force, s'attacher toutes les peuplades nègres qui les entourent; elles ont pour eux une telle partialité, que les habitans des Bisagos ont massacré, il y a quelques années, la garnison anglaise établie à Bulama, parce que sa présence pouvait nuire à leurs relations avec les Portugais.

Tout le commerce de Bissao se fait par échange; il est exclusivement entre les mains du gouverneur, qui par ce moyen acquiert des richesses considérables; les habitans, n'ayant aucun moyen pour soutenir la concurrence, sont dépourvus de toute industrie, et généralement pauvres.

Tous les bâtimens étrangers sont reçus à Bissao en payant cinquante-six piastres de droit d'ancrage. La cire brute se vend à l'Européen vingt piastres le quintal, la cire épurée vingt-quatre, la livre d'ivoire six francs, un esclave cent vingt-cinq piastres en marchandises. Les Portugais achètent le quintal de poudre soixante-dix piastres, les fusils six à huit piastres la pièce, une pièce de guinée bleue dix piastres, le quintal de tabac trente à quarante piastres. On peut tirer par an de ce comptoir de la cire pour quinze mille piastres, et de l'ivoire pour quatre mille.

Quand on considère quelle quantité d'or se vend chaque année sur la côte d'Afrique, on n'hésite plus à croire que ce continent en renferme dans son sein autant que l'Amérique, et qu'il l'emporte même sur cette dernière partie du monde par l'avantage inappréciable d'avoir un grand nombre de bras à pouvoir fournir pour les travaux dangereux des mines, et par conséquent pour ceux de l'agriculture. Ce fait seul devrait fixer davantage sur l'Afrique l'attention de l'Europe, au moment même où, par l'effet des révolutions qui se succèdent, elle est peut-être sur le point de n'avoir plus de colonies dans les Indes occidentales.

La viande est rare à Bissao, à cause du peu de consommation qu'en font les Portugais européens. Les bœufs sont petits, et coûtent jusqu'à dix piastres. Il n'y a pas de moutons, mais on y trouve beaucoup de cochons et de volaille : le poisson n'y manque pas; on s'en abstient, parce qu'il donne la fièvre. Le gibier n'est pas commun. Le maïs, le foigné, les ignames, les patates, le manioc, les bananes, les papaies, les goïaves, les oranges abondent dans tout le pays. On trouve aussi quelques légumes d'Europe; le mil y est très-rare.

On rencontre à Bissao beaucoup de peuples aussi différens par leurs mœurs que par leur costume.

Les Bisagos occupent l'archipel de ce nom à l'embouchure du Rio-Grande et la partie du continent qui l'avoisine; ce sont les nègres les plus braves et les plus puissans de toute cette partie de l'Afrique : ils ont presque tous des fusils ou des lances, dont ils se servent avec beaucoup d'adresse. Obéissant à un nombre infini de petits despotes, tous plus cruels les uns que les autres, au lieu d'un tyran ils en ont mille. Les cours de ces roitelets sont encore plus orageuses que celles des grands potentats; car je vis arriver à Bissao la famille entière du ministre d'un de ces rois, qui, par l'un de ces caprices si communs chez les princes africains, l'envoyait vendre au marché européen ; elle était composée de treize personnes.

La nourriture de ces peuples est d'une simplicité qui surprend d'autant plus, que le sol de leurs îles est d'une grande fertilité; quelques bananes ou quelques noyaux de palmier apaisent leur faim pendant les petits voyages qu'ils font de leurs îles à la terre ferme. Ils s'adonnent beaucoup à la pêche, et font commerce d'écailles de tortue. Une peau de faon d'antilope leur sert de culotte; quelques fucus liés ensemble forment pour leurs femmes des vêtemens fort commodes, mais très-malpropres, et, exhalant une odeur fétide, parce qu'ils sont d'une couleur brune, qui pour ces négresses est une raison suffisante de ne jamais les laver. Celles-ci justifient bien au reste l'épithète de *pudique* qu'un philosophe a donnée à la nudité, par le dégoût que causent les formes démesurément grosses qu'elle met chez elles à découvert. La force musculeuse des bras, la dureté des traits, la vivacité des mouvemens des Bisagos, prouvent que ce peuple est fait pour les combats; très-hardi, c'est dans une pirogue, que sa fragilité expose à chaque instant à être engloutie, qu'ils affrontent les dangers de la navigation, si difficile dans l'archipel qui porte leur nom.

Le riz, l'huile de palme, tous les fruits de l'Amérique abondent chez les Bisagos. Le tabac et l'eau-de-vie sont les seuls objets d'échange qui les tentent. Amis zélés des Portugais, ils portent une haine sans exemple aux autres nations européennes. Un jour ils saisirent un Anglais qui était descendu chez eux pour acheter quelques provisions; ils allumèrent à l'instant un grand feu dans une case, pensant que la fumée pourrait le noircir, et qu'ils parviendraient ainsi à le vendre comme un esclave. Ils eussent infailliblement fini par le faire périr, si les Portugais, apprenant le triste sort de ce malheureux, ne l'eussent racheté à force de présens.

Le territoire des Papels s'étend depuis la rivière de Géba jusqu'à celle de Cachéo, qui appartient aussi aux Portugais. Ce peuple est brave comme les Bisagos. Un sabre extrêmement long, dont il se sert avec beaucoup d'adresse, suffit à ses guerriers pour affronter leurs ennemis, lors même qu'ils sont armés de fusils. Des troupeaux de bœufs assez considérables forment les richesses des Papels; ils engraissent ces animaux avec la paille du riz, qui abonde dans leur pays : les Papels sont tous païens. En face de Bissao se trouve une petite île désignée sur nos cartes par le nom d'île *Sorcière*, où ils vont immoler des bœufs à leurs dieux.

A la mort de leurs parens, les femmes couvrent de terre détrempée dans l'eau leur tête, qui est toujours rasée.

Plusieurs nations moins nombreuses sont enclavées au milieu des Papels, entre autres les Birames et les Mandiagos, qui louent leurs services aux Portugais comme matelots, et travaillent jusqu'à ce qu'ils aient gagné assez pour se marier et retourner dans leurs pays. Tous ces peuples se vêtent de peaux de bêtes ou de pagnes. Leur extérieur misérable leur donne un air farouche peu capable d'engager les voyageurs à traverser leur pays, presque toujours inondé. N'ayant point de chevaux, ils montent leurs petits bœufs, dont la docilité et la force sont surprenantes. De tous les peuples de cette partie de l'Afrique, les Papels ont résisté le plus long-temps à la puissance des Portugais; les riches présens qu'ils en ont reçus ont adouci leur caractère, naturellement féroce.

Sur les frontières des Papels habitent les Balantes, dont la langue est entièrement différente. Une ceinture en roseaux, large de quelques pouces, sert à couvrir la nudité des hommes. Les Portugais ont peu de relations avec ce peuple farouche et cruel. Son industrie se borne à la vente du sel, dont il retire peu de profit à cause de son ignorance. Les Balantes l'emportent en laideur sur les Papels. Les femmes ont des traits aussi grossiers que ceux des hommes. Si les Bisagos, semblables en cela aux Carthaginois, sont cynophages, les Balantes trouvent un goût si exquis aux rats, qu'il est défendu aux enfans de toucher à ce mets, réservé pour le palais des hommes faits et des princes.

Autant de villages, autant de chefs chez ces peuples païens. Le mahométisme seul a pu former des empires et rassembler une grande population sous ses lois. Les guerres sont continuelles entre toutes ces nations, qui diffèrent par le langage autant que par les mœurs.

Sur le bord de la rivière de Géba opposé à Bissao, se trouvent les Iolas ou Biafares, dont le territoire s'étend dans l'intérieur jusqu'à Koli, qui est limitrophe des Basarès, nation qui passe pour anthropophage. Les Naloubés sont aussi voisins de ce village; leur empire finit à Kakandé; le Rio-Grande le sépare de celui des Biafares. Le nombre des éléphans est si grand sur les terres de ces peuplades, que, dans la saison où les herbes sont sèches, les chefs rassemblent les jeunes gens et les conduisent dans les bois; on met le feu aux herbes; alors les éléphans ne pouvant échapper aux flammes qui les entourent de toutes parts, périssent dans cet incendie quelquefois au nombre de vingt à trente, ce qui procure à ces nègres une quantité considérable d'ivoire.

Les Biafares sont sans contredit les plus beaux nègres de toute cette côte; leurs mœurs leur donnent une ressemblance parfaite avec les Mandingues, dont ils diffèrent cependant par la religion et le langage. Ils portent une large culotte, avec une tunique à grandes manches, et sont couverts de grisgris, quoiqu'ils ne professent pas la religion mahométane : la plupart sont riches, parce qu'ils sont intelligens et laborieux. La grande quantité de coton qui couvre leurs champs leur donne la facilité de fabriquer beaucoup d'étoffes, qu'ils vendent à leurs voisins : tout leur commerce se fait sur le Rio-Grande, à Bibola, où ils amènent des troupes nombreuses d'esclaves. Si le négoce, en les enrichissant, a adouci leurs mœurs, il leur a enlevé ce courage mâle qui naît au sein de la pauvreté, car ils passent pour lâches. Les excursions continuelles que les Papels font chez eux les exposent sans cesse à perdre les biens qu'ils ont acquis par leur activité, mais qu'ils ne savent pas conserver par leur valeur.

En remontant la rivière de Géba, on

rencontre les Mandingues Saussais, dont j'ai parlé plus haut, et qui sont très-redoutés, parce qu'ils empoisonnent fort souvent leurs créanciers, au lieu de les payer.

Tels sont les peuples qui commercent avec Bissao. On ne peut expliquer la diversité de langage et de mœurs qui existe chez ceux qui avoisinent ce comptoir, qu'en supposant qu'ils formaient anciennement de grands corps de nations dont les restes, fuyant devant les Poules et les Mandingues, se sont réfugiés vers la côte, où ils étaient sûrs de trouver un asile contre leurs vainqueurs. La haine qu'ils nourrissent encore contre les mahométans prouverait, il me semble, que ces peuples ont eu à redouter, il y a plusieurs siècles, les fureurs du zèle des sectateurs du Koran. Jamais ces peuples ne voyagent les uns chez les autres. La mort attendrait les mahométans chez les païens; des fers seraient réservés à ceux-ci dès qu'ils se montreraient dans les pays où règne l'islamisme.

Peu de jours après notre départ de Bissao, nous rencontrâmes en mer une pirogue dont un coup de vent avait fait périr l'équipage. Echappés nous-mêmes à cette tempête, nous eûmes connaissance de Gorée le 8 janvier. Je descendis à terre le même jour, et je rendis grâces à la Providence de m'avoir conservé au milieu des fatigues et des dangers auxquels j'avais été exposé.

Quel plaisir j'éprouvai de me retrouver enfin avec mes compatriotes ! ceux qui m'avaient connu furent surpris de me revoir; ils me croyaient perdu à jamais. Malgré leur desir de ne pas me fatiguer de questions, et ma faiblesse qui m'ordonnait le repos, je ne pus résister à leur empressement de m'entendre raconter en partie ce qui m'était arrivé dans mon voyage.

J'étais si impatient de revoir la France,

que le lendemain 9 au soir je quittai Gorée. Après une heure de navigation je débarquai au fond d'une anse sablonneuse située près de Dakar. Lorsqu'on en est encore éloigné, on la croirait couronnée d'un bois considérable; mais une fois descendu à terre, on n'y voit plus que quelques baobabs dont les dimensions prodigieuses et les rameaux énormes, chargés de feuillage, couvrent une grande étendue de terrain, et présentent ainsi dans le lointain l'aspect d'une forêt. Je trouvai, à peu de distance de l'endroit où j'avais abordé, un bœuf porteur et un cheval que j'avais loués la veille vingt-cinq piastres. Après quelques arrangemens conclus avec un guide que je crus nécessaire de prendre, je me mis en route accompagné de mon fidèle Boukari. J'emportais avec moi du couscous sec, dix livres de biscuit blanc américain, deux livres de pain frais, un canard de Barbarie, et deux bouteilles de Rota.

C'était voyager en grand seigneur : mon bagage seul ne répondait pas à la richesse de mes provisions ; il se composait des débris de celui que j'avais au moment de mon voyage dans l'intérieur de l'Afrique. Il me restait en outre une centaine de grains de corail. Nous avions fait peu de chemin pour des cavaliers, quand mon guide refusa d'aller plus loin, à cause de l'obscurité de la nuit qui l'empêchait de distinguer les traces du chemin. Nous nous trouvions heureusement dans le voisinage de Bambara ; en conséquence, j'allai passer la nuit dans ce hameau, qui dépend de la république du cap Verd et confine avec le royaume de Cayor.

Après avoir traversé, le 10, l'espace qui sépare la baie de Bein de la baie d'Iof, nous ne quittâmes plus le bord de la mer ; et le soir, vers dix heures, nous couchâmes sur la plage entre Cagnac et Cayar, villages situés à une demi-lieue de la côte. Nous eûmes pendant la nuit la société de deux Maures, marchands de poissons secs, qui avaient fait halte au même endroit que nous. C'est avec raison que les nègres vantent l'esprit de ce peuple. En effet, la conversation de ces deux marchands, fort peu éclairés, comme on doit bien le penser, me divertit beaucoup. La maigreur du cheval de mon guide leur fournit matière à une foule de traits piquans contre la pauvre bête, qui n'en pouvait mais, et surtout contre le propriétaire.

Le 11, au lever du soleil, nous montâmes à cheval. Las de n'avoir devant mes yeux que le spectacle monotone des dunes, je priai mon guide de suivre la route qui traverse l'intérieur des terres, et le soir même nous couchâmes à Dinnoute. Le territoire de ce village m'a paru assez fertile; on y recueille beaucoup d'ignames, de manioc, et principalement du vin de palme. Il y a quelques marabouts dans Dinnuote; mais leur petit nombre les oblige à beaucoup de réserve, à cause des païens, qui les détestent. En conséquence, malgré le vif desir qu'ils en avaient, ils n'osèrent pas nous offrir l'hospitalité, et nous fûmes forcés de loger dans la case d'un *tiédo* ou païen, à qui je donnai quatre grains de corail ; car les païens, bien différens en cela des nègres musulmans, n'accordent pas toujours l'hospitalité sans rétribution.

La plupart des voyageurs européens qui vont par terre de Gorée à Saint-Louis, préfèrent suivre les sinuosités de la mer plutôt que de marcher dans l'intérieur des terres : j'en ignore le motif ; car, malgré les jalons enfoncés de distance en distance pour indiquer qu'il y a des habitations peu éloignées de l'endroit où on les a placés, on est entièrement au dépourvu, parce que les coups de fusil que l'on tire pour avertir les nègres d'apporter des provisions ne sont quelquefois pas entendus. Sur la route que je choisis, je fus, au contraire, bien dédommagé des fatigues que me causait la chaleur, par l'abondance d'eau, de vin de palme et de lait que je trouvais partout, et dont on manque absolument sur les rivages arides de la mer, où l'on chercherait même en vain une goutte d'eau potable. On est aussi forcé, en suivant ce dernier chemin, d'aller fort loin dans le pays pour trouver de quoi allumer du feu, si nécessaire à cause du froid piquant que l'on ressent la nuit dans le voisinage de la mer. Nous nous arrêtâmes dans la journée du 12 à Poughour. Ce village est bâti sur une colline de sable rougeâtre végétal, dont la base est ceinte de bois très-touffus; les habitans en ont fermé toutes les issues avec des épines, pour se mettre à l'abri derrière ces fortifications naturelles, des attaques soudaines et fréquentes des gens du damel. Ce ne sont pas les seuls sujets de ce prince sanguinaire, ainsi qu'on a pu le voir dans mon Voyage, qui se soient mis en état permanent de rébellion contre son autorité. Le terrain qui avoisine Poughour est fertile; il est entrecoupé de marais, où le riz réussirait sans doute, si l'on en essayait la culture. Ce sol marécageux est couvert de bestiaux, qui y trouvent des pâturages assez abondans.

Après avoir laissé derrière nous Ambouro, nous allâmes passer la nuit à Dielkoui. Malgré le feu que nous entretenions dans notre case, nous pûmes difficilement dormir, à cause du vent du nord qui souffle sans cesse dans cette partie de l'Afrique. Nous quittons le 13 la route de l'intérieur, et nous atteignons, à cinq heures du soir, les bords de la mer; nous y passons la nuit dans un endroit nommé Tiorkmate.

Nous aperçûmes le lendemain les feux de Gandiolle, sur les six heures de l'après-midi; mais les fatigues que nous avions supportées pendant toute la journée ne nous permirent pas de pousser jusqu'à ce village : nous fîmes donc halte au milieu de la campagne, à un quart de lieue de Gandiolle. Les piqûres des moustiques et les aboiemens sinistres des chakals nous tinrent éveillés toute la nuit. Nous n'éprouvions plus cependant de froid depuis que nous avions doublé la pointe d'Ambao. En effet, le vent brûlant qui soufflait de la partie du désert rendait l'atmosphère tellement chaude, que nous n'avions même supporté qu'avec peine ce passage subit du froid très-vif qui règne en-deçà de la pointe étroite d'Ambao, à la chaleur suffocante qui se fait sentir au-delà, quand on vient de Gorée. Le lendemain nous traversâmes le petit bras de rivière qui sépare le territoire de Gandiolle de l'île Babagué, et, à neuf heures du soir, le 19 janvier, j'entrai à Saint-Louis, après avoir été trois heures à remonter le Sénégal. A mon arrivée, j'eus le plaisir inexprimable d'y embrasser mes amis; la plupart croyaient que j'avais succombé aux fatigues d'un voyage qui avait duré une année entière; ce fut avec une joie bien vive surtout que je revis M. de Fleuriau : ma mort, qui lui paraissait presque certaine, faisait regretter à ce sage administrateur de m'avoir encouragé dans une entreprise qui avait causé ma perte. Je m'empressai de reconnaître les bons services de Boukari en sollicitant pour lui la concession d'un terrain sur l'île Saint-Louis, pour y bâtir une maison en briques; elle lui fut accordée. M. de Fleuriau lui fit en outre présent de diverses marchandises.

Les soins que me prodiguèrent mes amis, et particulièrement MM. Mille et Calvé, ne purent me rendre la santé pendant le mois que je passai à Saint-Louis. Craignant de succomber à la maladie, dont les accès avaient redoublé, je m'embarquai sur le navire marchand *la Normande*, pour revenir en France. Je débarquai au Hâvre, après une courte traversée, le 23 mars 1819; peu de jours après, rendu au sein de ma famille à Paris, je crus n'avoir plus à souffrir de mes maux; mais l'air natal ne put rétablir ma santé aussi promptement que je l'avais espéré.

ITINÉRAIRE.

(Trois milles font une lieue commune de France, de 25 au degré.)

ROYAUME DE CAYOR.

NOMS des villages.	DISTANCES d'un lieu à un autre.	RUMBS de vent.
De Diedde à Niakra,	18 milles.	N.-E.
Moslasche,	3	S.-E.
Teiba,	3	S.-S.-E.
Moctard Loo,	3	S.-S.-E.
Niamrei,	4	S.-S.-E.
Thenine,	6	S.-S.-E.
Coqué,	10	S.-S.-E.

ROYAUME DES IOLOFS.

Bahëne,	40 milles.	E. $\frac{1}{4}$ S.-E.
Tiankra,	5	S.-E.
Un village,	8	S. $\frac{1}{4}$ S.-E.
Pampi,	7	S.-S.-E.
Caignac,	2	S.-S.-E.
Tioën,	8	S.-S.-E.
Pacour,	6	E.-N.-E.

ROYAUME DES IOLOFS (suite).

NOMS des villages.	DISTANCES d'un lieu à un autre.	RUMBS de vent.
De Pacour à Ouamkrore (capitale),	6 milles.	E.-N.E.
Médina,	6	S.-E.
Caiaïes,	9	N.-E.
Krokrol,	6	E.

FOUTATORO.

Bala,	90 milles.	E. $\frac{1}{4}$ S.-E.
Boqué,	2	S.-E.
Longangui,	6	E.
Caloé,	6	E.
Diaba,	4	E.
Agnam,	9	E.
Padé,	6	S.-E.
Sédo,	15	E.
Mogo,	4	E. $\frac{1}{4}$ S.-E.
Amadi Chaumaret,	5	S.-E.
Ogo,	11	S.-E.
Sénopalé,	11	S.-E.
Sétiababambi,	1	S.-E.
Banaï,	1	S.-E.
Canel,	6	N.
Dandioli,	6	N.

ITINÉRAIRE.

FOUTATORO (suite).

NOMS des villages.	DISTANCES d'un lieu à un autre.	RUMBS de vent.
De Dandiali à Canel,	6 milles.	S.
Santiobambi,	9	S.
Ouarenicour,	10	S.
Aoret,	19	S.
Dialobé,	6	S.
Diotte,	9	S.
Dendoudé Thiali,	20	S.

ROYAUME DU BONDOU.

Boquequillé,	10 milles.	S.
Doubel,	7	S.
Diémore,	19	S.-S.-E.
Boqui,	9	S.
Goumel,	10	S.
Longué,	11	S.-S.-E.
Bodé,	10	S.-E.
Un village,	15	E.
Cogne Amadi,	4	S.-E.
Santimatiou,	12	S.-E.
Konomba,	13	S.-E.
Diansocone,	12	S.
Maramasita,	10	S.-S.-O.

ITINÉRAIRE.

EMPIRE DU FOUTA DIALLON.

NOMS des villages.	DISTANCES d'un lieu à un autre.	RUMBS de vent.
La Gambie,	108 milles.	S.-S.-O., S.-S.E.
Cacagné,	7	S.-E.
Landieni,	7	S.
Niébel,	6	S.
Languébana,	9	S.-S.-O.
Landoumari,	4	E.
Nadeli,	8	S.
Kanta,	7	S.-E.
Mali,	6	S.-E.
Fobé,	14	S.-E.
Iélata,	4	S.-E.
Foundentani,	11	S.-S.-E.
Bandéia,	10	S.-S.-E.
Songui,	7	S.-S.-E.
Toulou,	12	S.-S.-O.
Rumbdé Toulou,	3	N.-N.-O.
Sources du Rio-Grande et de la Gambie,	6	O.
Un village,	4	S.
Cambaïa,	7	E. $\frac{1}{4}$ S.-E.
Cala,	6	E.
Fénolengué,	4	S.-S.-E.
Rumbdé-Gali,	5	S.-S.-E.

ITINÉRAIRE.

EMPIRE DU FOUTA DIALLON (suite).

NOMS des villages.	DISTANCES d'un lieu à un autre.	RUMBS du vent.
De Rumbdé-Gali à		
Dongué,	4 milles.	S.
Séfoura,	6	S.-S.-O.
Un rumbdé,	4	S.
Boié,	3	S.-S.E.
Courbari,	3	S.-E.
Source de la Falémé,	2	N.-N.-Os
Niogo,	12	S.
Poukou,	13	S.-S.-O.
Timbo,	8	S.-S.-E.

RETOUR.

EMPIRE DU FOUTA DIALLON.

De Timbo à		
Cases d'Abdoul,	2 milles.	N.
Poukou,	6	N. ¼ N.-O.
Sumbalako,	8	O., un peu N.
Dalaba,	8	O.
Sources du Sénégal,	8	N.
Porédaka,	3	N.
Niogo,	12	E.
Rumbdé Paravi,	12	N., un peu E.

EMPIRE DU FOUTA DIALLON (suite).

NOMS des villages.	DISTANCES d'un lieu à un autre.	RUMBS du vent.
De Rumbdé Paravi à		
Lalia,	10	N.-N.-E.
Rumbdé Iali,	8	N.-N.E.
Thuné,	12	N.-N.-O.
Niamaïa,	16	N., un peu E.
Bandéia,	24	N.
Un village,	3	O.
Bourré,	3	O.
Pellalle,	12	O.
Ardétenkata,	6	O.
Rumbdé Koukouma,	7	O.
Bentala,	10	O.
Un rumbdé,	12	O.

TENDA.

Tembamasiri,	3 milles.	O.
Un village,	9	O.

TENDA MAIÉ.

Rio-Grande,	10 milles.	O.
Faran,	2	O.
Diafane,	10	O.
Combade,	8	O.

ITINÉRAIRE.

TENDA MAIÉ (suite).

NOMS des villages.	DISTANCES d'un lieu à un autre.	RUMBS du vent.
Combade à		
Kambabolé,	10 milles.	N.-O.
Kankoli,	8	N.-O.
Un Foulakonda,	6	N.-O.
Kikiore,	5	N.-O.
Kadé,	12	O. $\frac{1}{4}$ S.-O.

PAYS KABOU.

Rio-Grande,	5 milles.	N.
Pinsory,	9	O.
Diaman,	9	O.
Kandiane,	12	N.-N.-O.
Sumakonda,	16	N.-N.-O.
Sérakonda,	20	N.-N.-O.
Bissa-Amadi,	24	O.-S.-O.
Kansoraly,	15	O.-S.-O.
Géba,	16	S.S.-O.

ITINÉRAIRE DE GORÉE A SAINT-LOUIS

PAR TERRE.

De Dakar à		
Bambara,	6	E.-N.-E.
Cagnac,	33	E.-N.-E.
Dinnoute,	21	E. $\frac{1}{4}$ N.-E.

ITINÉRAIRE.

NOMS des villages.	DISTANCES d'un lieu à un autre.	RUMBS du vent.
De Dinnoute à		
Poughour,	17 milles.	N.-E.
Ambouro,	13	N.-E.
Dièlkoui,	10	N.-E.
Tiormate,	27	N.
Gandiolle,	15	N. $\frac{1}{4}$ N.-E.

FIN DE L'ITINÉRAIRE.

VOCABULAIRE

DE

LA LANGUE IOLOFE.

L'analogie qui existe entre la langue des peuples de la Sénégambie et celle des habitans du Congo, malgré la distance immense qui les sépare, est frappante; c'est ce qui m'a engagé à placer ici plusieurs mots du langage qu'on parle sur les bords du Zaire. Ce n'est pas le seul rapport que ces peuples ont entre eux. Je citerai, sur l'autorité des capitaines Tuckey et de Grandpré, l'usage qu'ils font généralement des cerceaux à côte de feuille de palmier, pour monter au sommet de cet arbre. Je remarquerai aussi, comme un rapprochement non moins singulier, la connaissance qu'on a au Congo d'un jeu composé, comme au Sénégal, d'une pierre plate de dix-huit pouces carrés, dans laquelle sont creusées seize cavités, dont chacune renferme une petite pierre. Les combinaisons de ce jeu, fort compliquées, ne sont pas moins amusantes que celles de notre damier.

FRANÇAIS.	IOLOF.
Acheter.	Guendé.
Aiguille.	Poursa.
Animal.	Rape.
Arbre.	Guerap.

FRANÇAIS.	IOLOF.
Asseoir (s').	Diequil (Aqqim, en berebère).
Aujourd'hui.	Tei.
Autruche.	Baha.
Baigner (se).	Sango.
Barbe.	Sékim.
Barre de fer.	Barra ouin.
Beaucoup.	Barena.
Beurre.	Diou.
Blanc.	Toubabé.
Bœuf.	Nac.
Boire.	Nan (Noi, en congo).
Bois à brûler.	Motte.
Boîte.	Ouakandé.
Bon.	Backna.
Bouche.	Guimi.
Bras.	Loko (Coco, en congo).
Canard.	Cranquel.
Canot.	Calgue.
Chair.	Iap.
Chanter.	Ouai.
Chat.	Mousse (Mouch, en berebère).
Chaud.	Niac.
Chaudron.	Caoudir.
Chef.	Bour.
Cheval.	Phas.

FRANÇAIS.	IOLOF.
Cheveux.	Caouas.
Chèvre.	Beï.
Chien.	Crai.
Ciel.	Assaman.
Clé.	Kiabé.
Clou.	Dentekatit.
Coffre.	Onakandé.
Corde.	Boumb.
Couteau.	Packa.
Cracher.	Toffe.
Crocodille.	Guiasiek.
Danser.	Fequel.
Demain.	Ellek.
Demain (après-).	Dena ellek.
Dents.	Guené.
Dents (d'éléphant).	Guené niei.
Derrière (le).	Tate.
Diable.	Saitani.
Dieu.	J-alla.
Doigts.	Baram.
Dormir.	Nelao (Lala, en congo).
Eau-de vie.	Sangara.
Ecrire.	Bindé.
Eléphant.	Niei.
Embrasser.	Foune (Fifa, en congo).

FRANÇAIS.	IOLOF.
Epée.	Diassi.
Esclave.	Diam.
Feu.	Safara.
Femme.	Diguin.
Femme grosse.	Diguin birna.
Femme de mauv. vie.	Garbo.
Fer.	Ven (Wezzal, en berebère).
Fièvre.	Oppe.
Fil à coudre.	Ouin.
Frère.	Rack-gour.
Froid.	Lioul.
Fusil.	Fetel.
Gai.	Nekderet.
Garçon.	Gour.
Grand.	Mague (Amougian, en berebère.)
Habit.	Boubou.
Heureux.	Baregueumour.
Hier.	Demba.
Homme.	Gour (Erghaz, en berebère).
Injure.	Kass.
Jaloux.	Fire.
Jeter.	Sanni.
Jour.	Lelegh, *ou* Fan.
Lait.	Sau.

DE LA LANGUE IOLÒFE.

FRANÇAIS.	IOLOF.
Langue.	Lammé.
Laver (se).	Raas.
Lit.	Lal.
Loup.	Bouqui.
Main.	Loko.
Maison.	Negue.
Maîtresse.	Tioro.
Malin.	Mousse.
Mamelles.	Venne.
Manger.	Leck.
Marcher.	Dock { Eddou, en berebère; Diata *ou* doc, en congo.
Méchant.	Bakoul.
Mentir.	Fen.
Mer.	Gueie.
Merci.	Gurqume.
Mère.	Dei.
Mordre.	Matt.
Mort (la).	Deheina.
Nez.	Backan.
Noir.	Jolof.
Non.	Diet.
Nuit.	Goudina.
OEuf.	Nen.
Oiseau.	Pitch.
Or.	Ourous (Ouirght, en berebère).

FRANÇAIS.	IOLOF.
Oreilles.	Nappe.
Oui.	Ouaou.
Pain.	Bourou.
Papier.	Cahiet.
Parler.	Ouacal (Aoual, en berebère).
Peau.	Der.
Père.	Bai.
Perroquet.	Tioi.
Petit.	Calel.
Pieds.	Tanque.
Pierre.	Doi.
Pipe.	Nanou.
Pleurer.	Dioï.
Plomb.	Beter.
Pluie.	Tao.
Plume.	Donqué.
Poignard.	Packa (c'est le mot portugais).
Poisson.	Guen.
Poule.	Guenar.
Rat.	Guenac.
Reine.	Diguen bour.
Roi.	Bour.
Sel.	Sokmate.
Singe.	Golok.
Soleil.	Guent, *ou* Nai.

FRANÇAIS.	IOLOF.
Souliers.	Dal.
Tabac.	Poun.
Terre.	Souf.
Tête.	Bope.
Tonnerre.	Denadeno.
Tousser.	Socote.
Tuer.	Rei.
Veines.	Sedit.
Vendre.	Diai.
Vent.	Guelao.
Ventre.	Birn.
Vin.	Bin.
Yeux.	Botte.
Un.	Benne.
Deux.	Niare.
Trois.	Niet.
Quatre.	Nienet.
Cinq.	Guroum.
Six.	Guroum benne.
Sept.	Guroum niare.
Huit.	Guroum niet.
Neuf.	Guroum nienet.
Dix.	Fouque.
Onze.	Fouque ak benne.
Douze.	Fouque ak niare.

FRANÇAIS.	IOLOF.
Treize.	Fouque ak niet.
Quatorze.	Fouque ak nienet.
Quinze.	Fouque ak guroum.
Seize.	Fouque ak guroum benne.
Dix-sept.	Fouque ak guroum niare.
Dix-huit.	Fouque ak guroum niet.
Dix-neuf.	Fouque ak guroum nienet.
Vingt.	Niare fouque.
Trente.	Nieti fouque.
Quarante.	Nienet fouque.
Cinquante.	Guroum fouque.
Soixante.	Guroum benne fouque.
Soixante-dix.	Guroum benne fouque ak fouque.
Quatre-vingt.	Guroum nieti fouque.
Cent.	Temir.
Mille.	Gunè.
Un jour.	Benne fan.
Deux mois.	Niare ver.
Trois ans.	Nietti hatte.

FRANÇAIS.	IOLOF.
Moi.	Man.
Vous.	Iao (Iacou, en congo).
Lui.	Mum.
Nous.	Nun.
Eux.	Nium.
Ce, cet, ces.	Lillé (on place ce pronom après le nom; ainsi, *bin lillé*, ce vin).
Leur.	Suniou.
Son, sa, ses.	Niam.
Qui.	Kan.
C'est moi.	Man la.
C'est lui.	Mum la.
Avec.	Ak (Akyd, en berebère).
Pour.	Ki.
Sans.	Soudoul.
Dans.	Ki.
Chez.	Fa.
Je marche.	Manguedok.
Tu marches.	Ianguedok.
Il marche.	Mumguedok.
Nous marchons.	Nunguedok.
Vous marchez.	Ianguedok.
Ils marchent.	Naguedok.

FRANÇAIS.	IOLOF.
Je marcherai.	Dina dok.
Tu marcheras.	Diga dok.
Il marchera.	Dina dok.
Nous marcherons.	Dinaniou dok.
Vous marcherez.	Dinga dok.
Il marcheront.	Dinaniou dok.
Marcher.	Dok.
J'aimais.	Sopona.
Tu aimais.	Sopanga.
Il aimait.	Sopana.
Nous aimions.	Sapananiou.
Ils aimaient.	Sopona.
Je suis.	Madi.
Tu es.	Iadi.
Nous sommes.	Nodi.
Ils sont.	Niodi.
Si vous voulez.	So bouguenga.
Si vous ne voulez pas.	So bougoula.
Combien vends-tu cela ?	Nenka guengoum.
C'est trop cher.	Iafena.
Il est paresseux.	Tahelna.
Je ne l'ai pas fait.	Falouma lolou.
Je vais chez le marabout.	Mangadem ki-keur serin.

FRANÇAIS.	IOLOFE.
A l'instant.	Legue legue.
Tu as raison.	Ia eïe.
J'ai besoin.	Socnala.
Tu as besoin.	Socnelala.

FIN DU VOCABULAIRE DE LA LANGUE IOLOFE.

VOCABULAIRE

DE

LA LANGUE POULE.

FRANÇAIS.	POULE.
Acheter.	Saut (Soumba, en congo).
Aiguille.	Mesalal.
Arbre.	Lekki.
Asseoir (s').	Dioodo.
Aujourd'hui.	Andé.
Autruche.	Ndao.
Aveugle.	Goumdo, sallé.
Baigner (se).	Lotadé.
Barbe.	Lebré ouaré.
Barre de fer.	Barra diamdé.
Beaucoup.	Kohévi.
Beurre.	Lebbeur.
Blanc.	Toubako.
Bœuf.	Nague.
Boire.	Iardé.
Bois à brûler.	Lequel.
Boîte.	Berefteole.

FRANÇAIS.	POULE.
Boîteux.	Bonnia laddia.
Bon.	Komodio.
Borgne.	Docko.
Bouche.	Oudonko.
Boyaux.	Tektekit.
Bras.	Diongo.
Canard.	Tiagal.
Canot.	Lana.
Carquois.	Baron.
Chair.	Téo.
Chanter.	Iemdé.
Chat.	Oullondon.
Chaud.	Oulli.
Chaudron.	Barma.
Chef.	Lambdo.
Chemise.	Outté.
Cheval.	Pouttiou.
Cheveux.	Sonkoudou (N'souké, en congo.
Chèvre.	Bêaua.
Chien.	Raouandou.
Ciel.	Assaman.
Clé.	Tiarkdirga.
Clou.	Pendélana.
Cochon.	Baba.

FRANÇAIS.	POULE.
Corde.	Bogoul.
Couper.	Taddié.
Couteau.	Labé (Belé, en congo).
Cracher.	Touddé.
Crocodille.	Norouet.
Cuisses.	Bouol (Boubou, en congo).
Cuivre.	Diakaouallé.
Danser.	Ham.
Demain.	Diango.
Demain (après-).	Fabi iango.
Dents.	Niguié.
Dents (d'éléphant).	Nihré nioua.
Derrière (le).	Rotaré.
Diable.	Iblis.
Dieu.	J-alla.
Doigts.	Fededou.
Eau-de-vie.	Coniam.
Ecrire.	Vindé.
Eléphant.	Nioua.
Epée.	Silama.
Esclave.	Mationdo.
Esprit.	Fitanon.
Eternuer.	Isloudé.
Feu.	Diangole.
Femme.	Dembo.

FRANÇAIS.	POULE.
Femme grosse.	Deboredo.
Femme de mauvaise vie.	Deboguienado.
Fer.	Diamdi.
Fièvre.	Paongale.
Fil à coudre.	Gareoul.
Fille.	Bidodebbo.
Flèche.	Coural.
Frère.	Minierado.
Froid.	Diangoi.
Fusil.	Fetel (Filcaret, dans le Fouta Diallon).
Garçon.	Gorko.
Genoux.	Ofrou.
Gosier.	Dandé.
Grand.	Maounoundé.
Habit.	Dolaké.
Hameçon.	Ouandé.
Herbe.	Oudo.
Hier.	Anki.
Injure.	Ienoudé.
Jambe.	Cosgal.
Jeter.	Verloudé.
Joues.	Gaboudé.
Jour.	Guittelabi.

FRANÇAIS.	POULE.
Lait.	Côsson.
Langue.	Demgal.
Laver (se).	Saddé.
Lit.	Lesso.
Livre.	Defteré.
Loup.	Foourou.
Main.	Diongo.
Maïs.	Makari.
Maison.	Sondou.
Maîtresse.	Diamdiamo.
Malin.	Kodiodio.
Mamelles.	Eddou.
Manger.	Niamdé.
Marcher.	Iolade.
Méchant.	Modiali.
Mentir.	Fenandé.
Mer.	Gueie.
Merci.	Gueté.
Mère.	Ioumma (Mamma, en congo; Ieusma, en berebère).
Mordre.	Naddé.
Mort (la).	Maidé.
Nez.	Ineré.
Noir.	Baleo.
Non.	Hala.

DE LA LANGUE POULE.

FRANÇAIS.	POULE.
Nuit.	Diemma.
OEuf.	Batiodé.
Oiseau.	Sondou.
Ongles.	Segadé.
Or.	Cagné.
Oreilles.	Nofrou.
Oui.	Eio *ou* gourga.
Pain.	Bourou (Bolo, en congo).
Panier.	Haudéré.
Papier.	Cahiet.
Parler.	Hale.
Peau.	Gourou.
Père.	Baba (Baba, en berebere).
Perroquet.	Soherou.
Petit.	Seda.
Pieds.	Felo.
Pierre.	Ahéré.
Pipe.	Tierdougal.
Pleurer.	Ouaidé.
Plomb.	Bedek.
Pluie.	Tobo.
Plume.	Chiqué.
Poignard.	Labbé.
Poisson.	Lego.
Poule.	Guertogale.

FRANÇAIS.	POULE.
Rat.	Dômrou.
Reine.	Diemsoudoulamdo.
Roi.	Lamdé fope.
Sel.	Lamlam.
Serpent.	Boldi.
Siffler.	Ouldé.
Singe.	Ouanondou.
Soleil.	Nangué (Tangua, en congo).
Souliers.	Padé.
Tabac.	Simmé.
Terre.	Lessdi.
Tête.	Ouoré.
Toile.	Bagué.
Tonnerre.	Inérigo.
Tousser.	Ouododia.
Troquer.	Duisao.
Tuer.	Ouardé.
Veines.	Dadoul.
Vendre.	Iedé.
Vent.	Endou (Adou, en berebère).
Ventre.	Redou.
Vin.	Cogniam.
Yeux.	Itteré.
Un.	Gottel.
Deux.	Deddi.

DE LA LANGUE POULE.

FRANÇAIS.	POULE.
Trois.	Tati (Tata, en congo).
Quatre.	Nai (Nna, en congo).
Cinq.	Guioi.
Six.	Guiegom.
Sept.	Guiedidi.
Huit.	Guietati.
Neuf.	Guienai.
Dix.	Sappo.
Onze.	Sappo è go.
Douze.	Sappo è diddi.
Treize.	Sappo è tati.
Quatorze.	Sappo è nai.
Quinze.	Sappo è guioi.
Seize.	Sappo è guiegom.
Dix-sept.	Sappo è guiedidi.
Dix-huit.	Sappo è guietati.
Dix-neuf.	Sappo è guienai.
Vingt.	Nogasse.
Trente.	Tiapaldétati.
Quarante.	Tiapaldénai.
Cinquante.	Tiapaldéguioi.
Soixante.	Siapaldéguiegom.
Soixante-dix.	Tiapaldéguiedidi.
Quatre-vingt.	Tiapaldéguietati.
Cent.	Temedere.

FRANÇAIS.	POULE.
Mille.	Ouguiounere.
Un jour.	Nialgou gotto.
Deux mois.	Leppè diddi.
Trois ans.	Doubbi tatti.
Moi.	An.
Vous.	Andé.
Lui.	Kanko (Koandi, en congo).
Nous.	Minen.
Eux.	Onon.
Ce, cet, ces.	Ho.
Leur.	Amen.
Son, sa, ses.	Ho.
Qui.	Bohonè kanko.
C'est moi.	An ouadi.
C'est lui.	Komin.
Avec.	Hane.
Pour.	Hame.
Je marche.	Medeiaia.
Tu marches.	Adeiaia.
Il marche.	Ineiaia.
Nous marchons.	Midediaa.
Vous marchez.	Midomindiaa.
Ils marchent.	Benediaia.
Je marcherai.	Ina iaa.

FRANÇAIS.	POULE.
Tu marcheras.	Andé iaa.
Il marchera.	Ané iaa an.
Nous marcherons.	Ebédiaa.
Ils marcheront.	Ebé diaa.
Marcher.	Iaa.
J'aimais.	Medeidi.
Tu aimais.	Adeidi.
Il aimait.	Adeidi an.
Nous aimions.	Ondoudidi.
Ils aimaient.	Ondoudidi ounumbé.
Je suis.	Min eonorum.
Tu es.	Andé.
Nous sommes.	Ouonondé.
Ils sont.	Ouonondé kambebel.
Si vous voulez.	Si veladi si velima.
Combien vends-tu cela?	Nofoti.
C'est trop cher.	Inasadi.
Il est paresseux.	Kopatando.
Je ne l'ai pas fait.	Meouadali.
Je vais chez le marabout.	Meiato thiernon.
A l'instant.	Dioni.

FIN DU VOCABULAIRE DE LA LANGUE POULE.

VOCABULAIRE

DE

LA LANGUE SERRÈRE.

(Les Serrères habitent les royaumes de Baol et de Barbesin ; c'est le peuple le plus ancien de la partie de l'Afrique occidentale comprise entre le Sénégal et la Gambie.)

FRANÇAIS.	SERRÈRE.
Aimer.	Efferane.
Beaucoup.	Maiou.
Boire.	Ierah.
Bois.	Atiouge.
Bouche.	Montiak.
Bras.	Nar.
Cheveux.	Houillé.
Corde.	Pak.
Couscous.	Sat.
Couteau.	Iapile.
Dents.	Gnine.
Derrière.	Fout.
Dieu.	Rogue.
Eau.	Fofi.
Enfant.	Gai.
Femme.	Tesse.

FRANÇAIS.	SERRÈRE.
Fer.	Korzé.
Homme.	Koresse.
Jambes.	Gode.
Lit.	Guion.
Main.	Kolle.
Maison.	Endok.
Malle.	Arca.
Mamelles.	Ten.
Manger.	Niami.
Marcher.	Gniai.
Mer.	Foack.
Mil.	Kafe.
Moi.	Mi.
Nez.	Gnise.
Non.	Hin, hin, *ou* barra.
Oreilles.	Nofe.
Oui.	Io.
Peu.	Doulouing.
Pied.	Fâte.
Pintade.	Saou.
Pierre.	Bine.
Poule.	Tieke.
Prendre.	Amtion.
Rivière.	Calalé.
Siffler.	Ioudé.

FRANÇAIS.	SERRÈRE.
Soleil.	Set.
Tabac.	Poune.
Un.	Alleng.
Deux.	Addak.
Trois.	Taddak.
Quatre.	Nnaak.
Cinq.	Bedak.
Six.	Beta follene.
Sept.	Beta taddak.
Huit.	Beta nnaak.
Neuf.	Beta bedak.
Dix.	Karbagkaie.
Onze.	Karbagkai fon alleng.
Comment appelles-tu cela ?	Nen néhée ?
Combien vends-tu cela ?	Meré dikarek ?
Comment vous portez-vous ?	Diam somme ?
Je me porte bien.	Bar diam diego.
Ferme la porte.	Vegue bedaknet.
Ouvre la porte.	Veti bedaknet.
C'est vous qui l'avez fait.	Voo file.
Ce n'est pas moi.	Ré fé mi.
Va-t'en.	Réti.

FRANÇAIS.	SERRÈRE.
Tais-toi.	Tiemmi.
Donne-moi.	Tiame-me.
Il fait froid.	Diogonieme.
Son couteau.	Iapile louo (c'est-à-dire couteau à lui).

FIN DU VOCABULAIRE DE LA LANGUE SERRÈRE.

EXAMEN

DU FER FORGÉ PAR LES NÈGRES DU FOUTA DIALLON DANS LE HAUT SÉNÉGAL, ET DES MINERAIS DONT ILS LE RETIRENT;

Par M. BERTHIER,

Ingénieur des Mines, et Professeur de Docimasie à l'Ecole royale des Mines.

Les échantillons de fer et de minerai qui ont été examinés, ont été rapportés du Sénégal par M. Mollien, qui les a recueillis lui-même sur les lieux, et ils ont été remis au laboratoire de l'Ecole royale des mines, par M. Brongniart.

Il y avait deux échantillons de fer; l'un, grossièrement martelé, paraît provenir d'un masseau; et l'autre, étiré en barre mé-plate de quelques centimètres de largeur et de quelques millimètres d'épaisseur.

Le fragment de masseau était très-poreux et rempli de gerçures, et néanmoins fort tenace; c'est avec peine qu'on a pu en détacher cinq grammes pour en faire l'analyse; on y a trouvé :

scorie inattaquable par les acides, 0,034
chaux et alumine dissoutes. . . 0,030
─────
0,064,

et on n'y a aperçu aucune trace de chrome de manganèse ni d'acide phosphorique.

Le morceau de fer en barre a été soumis à diverses épreuves : on l'a coupé à la tranche dans la moitié de son épaisseur, et on l'a rompu ensuite; il a montré un grain peu nerveux, mais serré et propre au fer de très-bonne qualité; on l'a forgé, étiré en verge mince, replié et soudé sur lui-même, et il s'est prêté à toutes ces manipulations sans laisser voir le moindre défaut; on l'a battu et réduit en feuille très-mince, et il ne s'est nullement gercé; on l'a passé à la filière, et on a obtenu un fil fin très-ductile et très-beau : enfin, après en avoir trempé un petit barreau, on a essayé de le courber en anneau : il a pris facilement cette forme, mais on a remarqué qu'il s'était manifesté quelques gerçures au sommet de la courbe; on a reconnu que la partie gercée était plus dure que le reste : la même inégalité de dureté a été observée à l'aide de la lime sur d'autres barreaux trempés, et on a reconnu que cette inégalité était due à un mélange de grains aciéreux. Quoi qu'il en soit, M. Parisot, chef de bataillon d'artillerie, qui a bien voulu diriger et surveiller ces essais, a jugé que ce fer était d'excellente qualité, et tout-à-fait semblable à nos fers du département de l'Arriége, qui sont fabriqués par la méthode catalane, et qui sont toujours mélangés de grains et de veinules aciéreuses.

Les minerais sont très-variés; on n'en trouve pas deux échantillons de même richesse : on ne peut pas savoir si l'ensemble de ceux qui ont été apportés en France représente exactement la masse qui est traitée par les nègres : il est probable que celle-ci est fort riche, parce que le procédé qu'on suit pour en extraire le fer (procédé qui paraît avoir beaucoup d'analogie avec la méthode dite catalane) doit produire des scories très-chargées de ce métal. On en a examiné deux variétés :

La première est d'un rouge brun nuancé de brun presque noir, et de quelques veinules d'un blanc jaunâtre; elle est en morceaux de formes irrégulièrement arrondies, un peu luisans à l'extérieur, mais mats dans leur cassure, et renfermant quelques cavités arrondies. Sa poussière est d'un rouge brun nuancé de jaunâtre; elle est pesante : par la calcination elle perd de l'eau, et elle prend une nuance plus rouge et plus foncée. L'acide muriatique la dissout sans effervescence, et en laissant un résidu incolore et peu volumineux composé de silice et d'alumine : la dissolution contient une assez grande quantité d'alumine, ce qui n'a jamais lieu avec les minerais dits d'alluvion d'Europe ; on l'a trouvée composée de :

 tritoxide de fer. 0,772
 alumine et un peu de chaux. . 0,082
 silice.. 0,028
 eau. 0,114
 chrome. . trace très-sensible
          —————
          0,996

point d'acide phosphorique, et pas la moindre trace d'oxide de manganèse.

 Ce minerai n'a pas fondu sans addition ; mais, en y ajoutant 0,10 de silice pure et 0,075 de chaux, il a bien fondu, et il a donné une scorie grise faiblement translucide, et un culot de fonte avec quelques grenailles, pesant ensemble 0,59 ; la fonte était très-grise et demi-ductile ; elle s'aplatissait sous le marteau avant de se rompre.

La seconde variété de minerai a le même aspect à-peu-près que la première ; mais elle est plus homogène, et sa couleur, d'un rouge plus clair, est moins nuancée de jaune : elle est remarquable par sa légèreté, et c'est ce qui a décidé à en faire l'analyse. Sa pesanteur spécifique n'a été trouvée que de 2,25. Elle perd par sa calcination 0,247 de son poids, et cette perte est due à de l'eau pure : on s'en est assuré en en distillant une partie dans une cornue de verre à une chaleur rouge. Sa couleur ne change pas sensiblement par cette opération ; seulement elle devient d'un rouge un peu plus foncé ; ce qui prouve que l'oxide de fer qu'elle renferme ne s'y trouve pas, au moins en totalité, à l'état d'hydrate. Lorsqu'on la traite par l'acide nitrique bouillant, cet acide dissout beaucoup d'alumine et un peu d'oxide de fer. L'acide muriatique produit l'effet contraire, et dissout tout l'oxide de fer et une partie de l'alumine. Si l'action de ce dernier acide est peu prolongée, il reste un résidu blanc qui pèse 0,15 à 0,16; mais, si on le fait bouillir sur le minerai pendant plusieurs heures, il dissout presque toute l'alumine, et le résidu insoluble calciné ne pèse que 0,05 à 0,06. Ce résidu est composé de silice et d'alumine, qu'on ne peut séparer complètement que par la potasse, et qui paraissent être unies à l'état d'argile. L'analyse complète a donné :

> tritoxide de fer. 0,336
> alumine. 0,400
> silice. 0,020
> oxide de chrome. . . . . trace
> oxide de manganèse. . . . point
> point. 0,247

1,003

On pouvait croire que l'alumine se trouvait dans ce minerai comme dans la vavellite combinée avec l'acide phosphorique et l'acide fluorique ; mais on n'a pu découvrir le moindre indice de l'un ni de l'autre de ces acides. On s'est assuré aussi qu'elle ne contenait ni acide sulfurique ni glucine ; et, en la traitant par l'acide sulfurique et le sulfate d'ammoniaque, on l'a convertie entièrement en beaux cristaux octaèdres d'alun.

Il paraît indubitable, d'après cela, que cette variété de minerai est un mélange d'hydrate d'alumine, d'un peu d'argile et de tritoxide de fer, et peut-être d'hydrate de fer : on ne peut cependant pas en déduire la composition de l'hydrate d'alumine, parce qu'on ne sait pas dans quelle proportion cette terre entre dans l'argile mélangée, et qu'il est possible aussi qu'une petite partie de l'eau soit combinée avec une portion de l'oxide de fer.

La première variété est certainement un mélange de tritoxide et d'hydrate de fer, d'hydrate d'alumine et d'argile.

On n'a pas encore rencontré de minerais semblables en Europe. Si tous ceux du Fouta Diallon étaient de la même nature, on ne concevrait pas comment les nègres peuvent en extraire du fer par la méthode qu'ils suivent, et qui a beaucoup d'analogie avec la méthode dite *catalane*. Car tout fait croire que l'on ne peut traiter par ce procédé que les minerais très-riches, et dont la gangue est essentiellement siliceuse; mais il est probable que l'expérience a appris aux nègres à faire un triage convenable; et peut-être même savent-ils employer le quartz comme fondant. Il aurait été curieux et fort instructif d'analyser les scories qui proviennent de leur travail; malheureusement on n'a pas pu s'en procurer.

OBSERVATIONS GÉOGRAPHIQUES

SUR LES DÉCOUVERTES EN AFRIQUE, ANTÉRIEURES A CELLES DE M. MOLLIEN, SUR CELLES QU'IL A FAITES, ET SUR LA CARTE JOINTE A SA RELATION;

Par J.-B.-B. EYRIÈS.

Avant la fin du dix-huitième siècle, les Européens avaient peu visité l'intérieur de la partie de l'Afrique occidentale comprise entre les 20.ᵉ et 8.ᵉ degrés de latitude nord. Ils s'étaient contentés d'en parcourir et d'en reconnaître les côtes, et de remonter le Sénégal et la Gambie jusqu'aux points où des cataractes rendaient impossible toute navigation ultérieure; ils s'étaient encore moins avancés dans les autres fleuves.

Il paraît néanmoins, d'après le témoignage des historiens portugais, que leurs compatriotes avaient, avant la fin du quinzième siècle, des relations avec Tombouctou, Tocrour et d'autres villes de l'intérieur. Le défaut de renseignemens précis empêche de savoir positivement si les Portugais visitaient eux-mêmes ces villes, ou si leurs noms ne leur étaient connus que par les récits des nègres avec lesquels ils commerçaient. Il est probable toutefois que les facteurs portugais parcouraient les pays qui s'étendent depuis l'Océan atlantique jusqu'aux grands marchés de l'intérieur, mais leurs voyages ne furent d'aucune utilité pour la géographie ; et, à l'exception des côtes, tout, dans la partie de l'Afrique dont nous nous occupons, restait à-peu-près à découvrir lorsque d'autres nations de l'Europe y portèrent leur navigation et leur commerce.

Les Français se fixèrent plus particulièrement à l'embouchure du Sénégal.

Ce fut là qu'ils placèrent le chef-lieu des comptoirs qu'ils avaient depuis Arguin jusqu'à Sierra-Leone.

Le père Labat a, dans son ouvrage publié en 1728, et intitulé *nouvelle Relation de l'Afrique occidentale*, donné une excellente description du pays. Elle est composée principalement d'après les mémoires d'André Brue, directeur de la compagnie d'Afrique, et observateur judicieux. On a aussi, de divers voyageurs français, des relations qui contiennent des renseignemens plus ou moins instructifs. Le père Alexis de Saint-Lô en 1637, Jannequin en 1643, Villaut de Bellefond en 1669, le père Gaby en 1689, Lemaire en 1695, Adanson en 1757, Demanet en 1767, Pruneau de Pommegorge en 1789, Lamiral en 1791, Saugnier en 1791, offrirent au public le résultat de leurs observations.

Long-temps avant que les Français se fussent établis au Sénégal, les Anglais avaient dirigé leur attention vers la Gambie. Plusieurs de leurs voyageurs, dont les relations ont été conservées par Hakluyt et par Purchas, enfin Jobson en 1623, Moore en 1738, Smith en 1744, Lindsay en 1757, Matthews en 1788, décrivirent la partie du continent africain comprise entre les limites indiquées plus haut.

Ces diverses relations contiennent des notions positives sur les productions du pays et sur ses habitans, mais n'en offrent que de vagues sur la géographie physique de ce qui s'étend au-delà des cataractes de Felou sur le Sénégal, et de celles que l'on voit près de Baraconda sur la Gambie. La plupart des voyageurs donnaient au Sénégal le nom de *Niger*, le faisaient venir de très-loin dans l'intérieur, plaçaient, suivant l'usage, sa source dans un lac, et regardaient la Gambie comme un de ses bras. Les géographes européens, trompés par l'identité de nom, confondaient sur leurs cartes et dans leurs livres le Sénégal avec le Niger des anciens, qui arrose l'intérieur de l'Afrique. Cependant un mémoire de d'Anville, imprimé dans le vingt-sixième volume du *Recueil de l'Académie des Belles-Lettres*, avait démontré que ces deux fleuves étaient distincts. Il eût peut-être fait disparaître à jamais l'erreur que commettaient les géographes, si à son mémoire il eût ajouté une observation bien simple. Les voyageurs avaient appelé le Sénégal *Niger*, parce qu'une partie des Nègres qui habitent les contrées qu'il parcourt lui donnent le nom de *Bá-Fing*, fleuve noir. Il est probable qu'ayant demandé à ces Africains la signification de ce nom, ils en furent frappés, et crurent avoir sous les yeux le Niger des anciens. On supposa que ceux-ci s'étaient trompés en faisant couler ce fleuve de l'ouest à l'est, et on ne se livra à aucune recherche approfondie pour découvrir la cause de l'erreur qu'on leur attribuait. Malgré le travail de d'Anville, travail dont il exposa le résultat dans sa belle carte d'Afrique, qui présente le cours du Niger opposé à celui du Sénégal, on continua, dans beaucoup de livres et de cartes, de suivre l'idée contraire.

En 1794, une partie du voile qui couvrait l'intérieur de l'Afrique fut soulevé; deux Anglais, Watt et Winterbottom, partis des bords du Rio-Nunez, allèrent jusqu'à Timbo, qui, sur leur carte, n'est éloigné que de cent milles géographiques de la côte en ligne directe; mais ils donnèrent des notions nouvelles. Leur voyage n'est jusqu'à présent connu que par des fragmens.

Enfin, en 1795, Mungo-Park commença le voyage dans lequel il eut la gloire de découvrir le véritable Niger des anciens; il vit ce fleuve, nommé *Dialli-Bà* par les nègres, couler de l'ouest à l'est. Après en avoir suivi les rives pendant quelque temps, il revint en Europe rendre compte du succès de son voyage. Les fatigues qu'il avait essuyées ne purent le détourner du projet de retourner sur les bords du Dialli-Bâ, pour s'y embarquer et y naviguer jusqu'à son embouchure; il a péri dans cette entreprise, et a grossi la liste nombreuse des hommes généreux qui ont sacrifié leur vie aux progrès des sciences. Une partie de son journal a heureusement été conservée; elle est d'autant plus précieuse pour la géographie, que dans ce voyage il avait avec lui, et a conservé jusqu'au dernier moment, des instrumens qui l'ont mis à même de déterminer la position des lieux par des observations : il a rectifié le cours de la Gambie.

Il convient peut-être de rappeler ici que Dialli-Bâ signifie *grande eau* ou *grand fleuve*, comme on le voit par une note de M. Arrowsmith, dans son mémoire sur les découvertes de Mungo-Park, et non pas *fleuve noir* ou *rivière noire*, comme l'ont imaginé des hommes qui ne connaissent pas toutes les langues de l'Afrique.

Depuis le premier voyage de Mungo-Park, plusieurs voyageurs et divers auteurs donnèrent des détails sur l'Afrique occidentale; Golbery en 1802, Durand en 1807 : ils avaient visité ce continent dans le siècle qui venait de finir. L'atlas joint à la relation de Durand contient beaucoup de cartes; elles offrent les découvertes les plus récentes. La Barthe publia, en 1802, la Navigation de la Jaille en 1784, depuis le cap Blanc jusqu'à Sierra-Leone. La société africaine de Londres a fait imprimer, depuis 1792, des recueils qui renferment les travaux exécutés par ses agens, et leurs lettres, ainsi que celles de ses correspondans. Le docteur Leyden avait fait paraître une histoire des découvertes en Afrique : M. Murray en a donné, en 1817, une nouvelle édition.

Exposons maintenant le résultat des observations de tous ces voyageurs.

La côte d'Afrique comprise dans les limites que nous avons indiquées, est basse et sablonneuse, les hauteurs qui forment le cap Verd, et quelques collines près de Joal, rompent seules cette uniformité; et la rive gauche ou méridionale de la rivière de Sierra-Leone présente une élévation très-considérable, formant la prolongation des montagnes qui viennent de l'intérieur. Tout le pays, en allant du bord de la mer à l'est, offre trois divisions bien tranchées. La première, qui est large de trente-cinq lieues vis-à-vis d'Arguin, et qui, en allant au sud, se rétrécit jusqu'à ce qu'elle se termine sur la côte à Cacheo, est composée d'un terrain plat, sablonneux, et généralement très-peu pierreux : c'est comme la prolongation du Sahara. La seconde, qui a quarante lieues de largeur, et finit à l'embouchure du Rio-Nunez, comprend un terrain moitié sablonneux, moitié argileux, et assez uni : elle ne contient pas non plus beaucoup de pierres. Enfin, dans la troisième, qui se prolonge jusqu'à la première terrasse des montagnes, sur une largeur de soixante lieues, le terrain est argileux, montueux et pierreux; elle se termine à la rivière de Sierra-Leone.

Depuis cette ligne, qui est sinueuse et se courbe vers l'ouest en se prolongeant au nord, le pays est montagneux sur une étendue de dix degrés de longitude; il s'élève par terrasses parallèles, et forme des chaînes qui augmentent de hauteur à mesure qu'elles s'avancent au sud, ou qu'elles se rapprochent du septième degré de longitude occidentale. Plus à l'est, elles s'abaissent; elles atteignent leur plus grande élévation connue entre le huitième et le dixième parallèle nord : c'est un peu au-dessus de ce dernier que M. Mollien a découvert les sources du fleuve qu'il était chargé de reconnaître. La pente de ce pays montagneux est généralement plus escarpée à l'est qu'à l'ouest, comme on l'apprend par le voyage de Mungo-Park, et dans la partie méridionale que dans la partie septentrionale : on ignore son étendue au sud. Une de ses terrasses y aboutit à la côte à Sierra-Leone ; et l'escarpement, du côté de l'ouest, y est considérable au sud du dixième parallèle. Tout ce pays haut est riche en métaux, surtout en fer et en or. Le cours des rivières est souvent barré par des bancs de rochers qui occasionent des cataractes; peut-être s'y trouve-t-il aussi des cascades plus considérables.

Mungo-Park ayant voyagé, en général, parallèlement à l'équateur, traversa les rivières qui coulent dans ces chaînes de montagnes : n'ayant pas vu leurs sources, il fut obligé de s'en rapporter, sur ce point, à ce que lui rapportèrent les habitans du pays. Il plaça en conséquence ces sources de la manière suivante : celle du Bâ-Fing, bras moyen du Sénégal, par 10° N. et 6° 40ı O. (9° O. de Paris); celle de la Falémé, par 11° 25ı N. et 8° 10ı O. (10° 30ı O.); enfin celle de la Gambie, par 11° N. et 9° O. (11° 20ı O.).

Sur la carte du voyage de M. Mollien, ces sources sont placées bien plus à l'ouest. Celle du Bâ-Fing ou Sénégal, par 10° 6ı N., et 13° 35ı O. de Paris; celle de la Falémé, par 10° 14ı N., et 13° 20ı O.; celle de la Gambie, par 10° 36ı N., et 13° 38ı O.; enfin celle du Rio-Grande, par 10° 37ı N., et 13° 38ı O.

Les sources des rivières découvertes par M. Mollien sont, comme on le voit, rapprochées les unes des autres, et situées dans un groupe de montagnes qui se trouve au nord-ouest, et à peu de distance de Timbo. On reconnaît sur la carte de la route de Watt et Winterbottom, dont une copie se trouve dans l'atlas du Voyage de Durand, des indications de courans d'eau dont la position s'accorde avec celle du cours des rivières marquées dans les environs de Timbo sur la carte de M. Mollien. Ces voyageurs ont traversé le Bâ-Fing : il est marqué sur leur carte ; mais, comme ils voyageaient avant que Mungo-Park eût démontré l'identité du Bâ-Fing et du Sénégal, ils n'ont pu la soupçonner.

Le but de l'expédition de M. Mollien était de reconnaître les sources du Sénégal et de la Gambie, même celles du Dialli-Bâ. Des obstacles insurmontables l'empêchèrent d'effectuer cette partie de sa mission, mais il a rempli les autres. Guidé par un Africain d'une fidélité éprouvée, il dirigea sa route d'après les renseignemens qui lui étaient fournis par les nègres, et trouva qu'ils étaient exacts. Ce n'était toutefois qu'avec la plus grande défiance qu'il recevait ceux qu'ils lui fournissaient sur les contrées lointaines. Il savait que, comme tous les hommes ignorans, ils sont généralement avides du merveilleux, et jaloux de paraître instruits de ce qu'ils ne connaissent pas; et que, lors même qu'ils ne sont pas allés dans un lieu dont on leur parle, ils n'éprouvent aucun embarras pour le décrire, les relations pompeuses ne leur coûtant rien; mais il savait aussi qu'ils possèdent, sur les pays qu'ils ont vus même une seule fois, et sur ceux qui sont voisins de celui qu'ils habitent, des notions dont l'exactitude a de quoi surprendre les Européens. Par exemple, ils se trompent rarement sur le point de l'horizon vers lequel un lieu est situé; quant aux distances qu'ils indiquent, il faut se tenir en garde. Les uns ayant voyagé à pied, les autres à cheval, ou sur un chameau, et quelquefois de ces trois manières dans une même expédition, il est facile de tomber dans de graves erreurs, en marquant les distances d'après leurs rapports; car jamais ils n'avertissent de ces particularités, qui sont cependant essentielles à connaître. Il faut donc commencer par s'en enquérir. C'est pour cela que les renseignemens donnés par divers individus sur la distance d'un lieu à un autre offrent entre elles de très-grandes différences.

Un grand nombre d'habitans du Fouta Diallon, que M. Mollien a consultés sur la position des sources du Sénégal, de la Falémé, de la Gambie et du Rio-Grande, s'étant trouvés d'accord dans ce qu'ils lui ont dit, il a dû naturellement ajouter foi à leurs discours, puisque ces sources étaient peu éloignées des lieux où vivaient les hommes auxquels il s'adressait. D'ailleurs leurs réponses ont été conformes à celles des habitans des pays voisins.

La Gambie (Bâ-Diman) et le Rio-Grande (Comba) sortent du même enfoncement placé au milieu de hautes montagnes. En sortant de ce bassin étroit, ces rivières se dirigent, chacune sous un nom différent, vers des points opposés, et finissent par se jeter dans la même mer, à cinquante lieues de distance l'une de l'autre. M. Mollien, à son retour de Timbo, a non-seulement traversé deux fois le Rio-Grande, mais il s'est même peu éloigné du cours de ce fleuve, qui, gêné par les ramifications des montagnes, forme de nombreuses sinuosités. Sa route a été, dans une partie, parallèle à celle de Watt et Winterbottom. Le Rio-Grande porte à sa source le nom de Comba, et prend ensuite celui de Kabou, quand il a reçu les eaux du Tomine ou Donzo : c'est ce qui a causé la méprise qui lui fait donner le nom de Donzo.

Il a été impossible à M. Mollien de confondre la Rio-Grande avec le Gambie. Celle-ci est nommée à sa source Bâ-Diman; c'est sous cette dénomination qu'il l'avait traversée auparavant, et qu'elle est indiquée bien plus bas encore par Mungo-Park.

De l'autre côté des montagnes où le Rio-Grande et la Gambie prennent leur source, se trouvent celles de la Falémé et du Sénégal, mais à une certaine distance l'une de l'autre, et elles sont séparées par une ramification de la grande chaîne du Fouta Diallon. M. Mollien n'a pu avoir aucun doute sur l'identité des rivières dont il voyait les sources, avec celles qui coulent plus loin sous le nom de Sénégal et de Falémé, puisque la première est appelée Bâ-Fing dans ce lieu, comme à son confluent avec la Falémé, et que celle-ci à sa source, comme dans une grande partie de son cours, porte le nom de Téné (Tenyah, de Mungo-Parck).

La carte du second Voyage de Mungo-Parck et l'itinéraire de M. Mollien, ont servi à tracer le cours de la Gambie. Le voyageur anglais, après avoir remonté la Gambie jusqu'à Keyi, commença, le 27 avril 1805, sa marche par terre. Le 15 mai, il était à Tili-Corra sur le bord du fleuve, et deux milles et demi plus loin à l'est, il le revit du haut d'une colline ; il venait de l'E.-S.-E., formait un coude, puis coulait au S.-S.-O. Des collines qui s'étendaient le long de la rive droite ou septentrionale de la Gambie, en cachaient la vue à ceux qui restaient dans la plaine. Le lendemain il passa le Nioliço presqu'à sec dans cette saison, et le 18 le Nérico. Ses observations lui donnèrent pour latitude 14° 4' 51". Le 21, il détermina celle de Tambico à

13° 53′. Le 23, il traversa le Niolo Koba, dont le lit n'était couvert d'eau que par intervalles; le 25, il entra dans le désert du Tenda, et, après avoir passé une rivière semblable au Niolico, il aperçut la première chaîne des montagnes se dirigeant du S.-S.-O. au N.-N.-E.; il fit halte à Soutitaba, situé au pied de ces monts, par 13° 33′ 38″ N. Il franchit le premier chaînon des montagnes, et vit, dans une belle vallée, un ruisseau coulant au nord pour joindre le Niolo Koba. Le 26, il arriva par un pays inégal et scabreux, sur les bords d'un ruisseau indiqué sous les noms de Bay-Creek, et dont il détermina ainsi la position : latitude, 13° 32′ 35″ N.; longitude, 10° 39′ O. (13° 19′ O. de Paris). Le 28, il était à Badou, situé par 13° 32′ N. Deux de ses compagnons aperçurent du haut d'une colline la Gambie au sud, à quatre milles de distance; elle coulait du S.-E. au N.-O., jusqu'aux montagnes voisines de Badou; alors elle tournait au sud. Les nègres la nommaient Bâ-Dima, la rivière qui est toujours rivière, c'est-à-dire qui n'est jamais à sec. Mungo-Park poursuivit sa route à l'est, et ne revit plus ce fleuve; quelques jours après, il prit hauteur à Mambari, situé entre deux affluens de la Gambie, et par 13° 22, 40″ N. De ce lieu, il releva la position de plusieurs montagnes : le Meïanta, éloigné de seize milles au S.¼E., le Sambakalla au S.; enfin celles du Fouta Diallon au S.-O.¼O., au S.-O. et au S.-O.¼S. de la boussole. La Gambie, ajoute-t-il dans sa relation, coule au S.-O., et passe par une ouverture qui est entre le Maïanta et les montagnes du Fouta Diallon, qui ressemblent à celles de l'île de Madère, mais sont moins aiguës.

C'est d'après ces élémens que le cours de la Gambie a été placé un degré plus au nord que sur les cartes publiées jusqu'à présent ; mais en même temps la partie de ce fleuve située entre Nittakora et Badou est représentée autrement que sur la carte de Mungo-Park. Entre ces deux points ce voyageur n'aperçut pas le fleuve, et marcha dans un pays montagneux, arrosé par quelques-uns de ses affluens. Or, M. Mollien, dont la route coupa celle de Mungo-Park par 13° 40' N. et 14° 25' O., ne vit la Gambie que par 11° 51' N. et 13° 15' O., où il la traversa. Elle coulait du N.-E. au S.-O. ; elle était encaissée dans des rochers. Les nègres lui donnaient le nom de Bâ-Diman : c'était donc le même fleuve aperçu par Mungo-Park à Badou. Lorsque ensuite M. Mollien passa par Niébel et Landoumari, on lui dit, dans ces deux endroits, que le Bâ-Diman se trouvait à une journée et demie de route à gauche, ou à l'est de chacun de ces lieux : on a, en conséquence de ces données, fait décrire à ce fleuve les sinuosités qu'il ne présente pas sur la carte de Mungo-Park. M. Mollien, à peu de distance du point où il coupa la route de ce voyageur, traversa le Niolo-Coba, et ensuite entra dans un pays désert et resserré entre des montagnes. Pendant qu'il parcourait ce plateau aride, il entendit souvent les nègres parler du Bâ-Diman, comme coulant à peu de distance; mais il ne se doutait pas qu'il fût question de la Gambie. On peut comparer ce plateau à celui qui, en France, force le Doubs à se replier sur lui-même, et à couler parallèlement à une partie de son cours primitif.

La carte du *Voyage* de M. Mollien marque une communication entre le Sénégal et la Gambie par le Nérico. Le P. Labat avait déjà parlé de cette jonction : « Les Mandingues, dit-il, rapportent que le Niger (Sénégal), étant arrivé à un lieu appelé Baracota, se partage en deux branches; que celle qui court vers le sud est appelée Gambea ou Gambie ; laquelle, après un assez long cours, se perd, ou du moins semble se perdre dans un lac marécageux rempli d'herbes et de roseaux si forts et si pressés, qu'il est impénétrable ; qu'elle en sort à la fin, et reprend la forme de rivière belle et profonde, telle qu'on la voit au village de Baraconda. Les canots peuvent aller de Baraconda jusqu'au lac des Roseaux ; mais les barques ne le peuvent pas faire, même dans la saison des grandes eaux, à cause d'un banc de roches qui borne toute la rivière entre ces deux endroits, et qui ne laisse que de petits cheneaux étroits, qui suffisent à peine pour le passage d'un canot, quoique d'ailleurs assez profonds pour porter une barque » (1).

D'Anville ne trouva probablement pas ces renseignemens assez positifs pour

---

(1) *Relation de l'Afrique occidentale*, t. II, p. 161, et t. IV, p. 10.

placer cette jonction sur aucune des cartes dont il enrichit le livre du P. Labat, ni sur celles qu'il publia séparément ; elle n'a ensuite été indiquée que sur la carte du *Voyage* d'Adanson, construite par Philipe Buache en 1756, et sur celle qui fut dressée par Laborde en 1791, pour servir au Voyage de M. Brisson. On y lit ces mots : *Communication soupçonnée,* écrits le long d'une ligne ponctuée, dont chaque extrémité aboutit à un affluent de l'un des fleuves, et qui, dans son cours, passe par un lac appelé Niert. La nouvelle carte confirme ce qui n'était qu'une conjecture.

Les habitans de Timbo dirent à M. Mollien que la source du Dialli-Bâ, qu'ils connaissent parfaitement sous ce nom, se trouvait dans les montagnes qui séparent le Kouranko du Soliman, et qu'elle était éloignée de onze journées de celle du Sénégal, et à huit de leur ville. Souhaitons qu'un voyageur plus heureux que ceux qui l'ont précédé fasse disparaître l'obscurité qui enveloppe encore ce point important pour la géographie.

Enfin Timbo est placé plus à l'ouest que sur les cartes précédentes, parce que, M. Mollien ayant questionné les habitans de ette ville sur la distance de Sierra-Leone, ils répondirent unanimement qu'elle était de onze journées de marche à pied. Or, ces onze journées ne peuvent être évaluées qu'à cinq lieues chacune. En effet, il est difficile de parcourir une distance plus considérable dans un pays montagneux tel que le Fouta Diallon, surtout quand on voyage en troupe; et l'on voit, par le récit de Watt et de Winterbottom, qu'à l'O. et au S.-O. de Timbo, les montagnes se rapprochent beaucoup de la côte.

M. Mollien n'a pas rencontré sur sa route le (Shea) ou Chi, arbre à beurre; les nègres auxquels il demandait de le lui montrer lui répondirent qu'il ne croissait qu'à l'est de la route qu'ils suivaient. En effet, Mungo-Park rencontra le premier à trois milles à l'est de Sibikillim, un peu avant d'arriver à Badou; et M. Mollien, dans l'endroit le plus rapproché de ce lieu, en était éloigné de seize lieues à l'ouest.

FIN.

TABLE DES CHAPITRES.

CHAPITRE VIII. *Pag.* 1

Désert. — Gambie. — Niebel. — Tangué. — Bandéia. — Sources du Rio-Grande et de la Gambie. — Source de la Falémé. — Timbo.

CHAPITRE IX. 112

Ali refuse de conduire l'Auteur à la source du Sénégal. — Il change d'avis. — Détails sur cette source. — Retour à Niogo. — Témoignages d'amitié du chef de Lalia. — Ali quitte l'Auteur. — Retour à Bandéia. — Protestations de Boubou. — Comment il a défendu l'Auteur. — Commencement de la saison pluvieuse. — L'Auteur tombe malade. — Boubou lui refuse l'eau et le feu. — Il cherche à le faire périr par le poison.

CHAPITRE X. 141

Boubou tâche de soulever les habitans des villages voisins. — L'Auteur s'échappe. — Il est forcé par Boubou de rentrer dans sa case. — Saadou s'engage avec l'Auteur. — Ils se sauvent à Bourré. — On les laisse cependant partir en leur arrachant des présens.

CHAPITRE XI. 165

Cambréa. — Bentala. — Rio-Grande. — Notice sur les

Serracolets. — Frontière du Fouta Diallon. — Description de cet empire.

CHAPITRE XII. *Pag.* 200

L'Auteur traverse le Tenda. — Il est abandonné par un de ses guides. — Notes sur le Tenda. — Rio-Grande. — Disette. — Hospitalité d'un nègre de Kadé. — Sa perfidie. — Départ pour le Kabou. — Quelques mots sur le Tenda-Maié.

CHAPITRE XIII. 217

Le Kabou. — Etablissement portugais de Géba. — Hospitalité que lui accorde le commandant de ce comptoir. — Description du Kabou et de Géba.

CHAPITRE XIV. 232

Départ pour Bissao. — Accueil fait à l'Auteur par le gouverneur de cette colonie. — Soins et attachement constant de Boukari. — Retour à Géba.

CHAPITRE XV. 249

L'Auteur revient à Bissao; — S'embarque pour Gorée. — Etat actuel de Bissao et des pays qui commercent avec ce comptoir. — Voyage par terre de Gorée à Saint-Louis.

Itinéraire.	183
Vocabulaire de la langue Iolofe.	291
Idem de la langue poule.	302
Idem de la langue serère.	312

Examen du fer forgé par les nègres du Fouta Diallon dans le haut Sénégal, et des minerais dont ils le retirent. *Pag.* 317

Observations géographiques sur les découvertes en Afrique, antérieures à celles de M. Mollien; sur celles qu'il a faites, et sur la carte jointe à sa relation. 327

FIN DE LA TABLE DU DEUXIÈME ET DERNIER VOLUME.

www.ingramcontent.com/pod-product-compliance
Lightning Source LLC
Chambersburg PA
CBHW050255170426
43202CB00011B/1694